JN448730

Привет! Русский язык

안녕! 처음 러시아어

최윤희 * Бриченкова Е. С. 공저

도서출판 GS인터비전

머리말

Данное учебное пособие предназначено для студентов, изучающих русский язык на начальном этапе обучения.

Оно может быть использовано как при работе с преподавателем, так и самостоятельно.

Учебное пособие реализует коммуникативную направленность обучения и служит одной цели: практическому овладению языком как средством общения.

Задача учебного пособия состоит в обеспечении быстрого усвоения разных аспектов языка и видов речевой деятельности.

Учебник состоит из 30 уроков и содержит сведения о фонетических и грамматических законах русского языка, краткие сведения о речевом этикете, обобщающие грамматические таблицы, ключи к упражнениям.

Текстовый материал способствует совершенствованию коммуникативных умений и навыков, развивает монологическую и диалогическую речь, знакомит учащихся с культурой России.

Пособие включает учебник и аудиоприложение.

이 책은 러시아어를 처음 배우는 학습자들을 위하여 만든 교재입니다. 문법 위주의 교재 틀을 벗어나 한 권의 교재 속에 러시아어의 기본 문형과 실용적인 의사소통 표현들을 통해 러시아어의 기초를 다지며, 생활 러시아어 속에서 문법들을 익히고 체계적으로 읽고 듣고 쓰고 말하는 능력을 좀 더 쉽고 신속하게 학습할 수 있도록 구성하였습니다. 따라서 이 교재는 러시아어 교육자와 함께 수업교재로도 혹은 학습자 스스로 자기 실력 향상을 위한 독학 교재로도 충분히 이용할 수 있습니다.

생활 러시아어 회화 표현들과 기본적인 러시아어 문법을 동시에 학습하면서 초급 수준의 러시아어 실력 향상을 목적으로 만든 본 교재는 모든 과의 흐름이 러시아인들의 문화와 언어 에티켓을 배울 수 있는 실용 회화 및 표현 연습, 문법 훈련을 충분히 할 수 있도록 하였습니다. 다양한 주제들을 통해 언어 표현의 다양한 관점과 형태들을 빠르게 익힐 뿐만 아니라 학습자에게 다각도에서 러시아어 실력 나지기를 하는 데 실질적인 도움을 주고자 하였습니다.

교재는 I 부 발음과 억양(6과)과 Ⅱ부 학습과(30과)로 이루어져 있으며, 부록으로 러시아어 기본 문법표와 해답편이 수록되어 있습니다. 각 과의 맨 앞에는 우선적으로 그 과에서 배우려하는 중요구문들을 먼저 제시하여 그 과에서 배우게 될 문법 및 실용 회화 주제를 미리 알 수 있도록 하였습니다. 본문과 실제 회화 내용 및 표현들은 러시아인들의 다양한 주제와 상황들로 이루어져 있으며, 이러한 내용들에 바탕이 되는 중요한 문법들은 자세한 설명을 통해 문법을 충분히 이해 할 수 있도록 하였습니다. 또한 다양한 유형의 연습문제를 통해 문법, 말하기, 쓰기 등의 실력을 충분히 훈련해 볼 수 있도록 하였습니다.

마지막으로 출판을 허락해주시고 아낌없는 지원과 격려를 해주신 GS인터비전 출판사의 송기수 사장님과 꼼꼼하게 교재를 마무리해주신 송진우 선생님과 편집부 선생님들께 감사의 인사를 전합니다.

2013. 1월.
저자 일동.

러시아어 자음과 모음

차례	활자체		필기체		명칭		발음	
1	А	а	*А*	*а*	а	아	[a]	아
2	Б	б	*Б*	*б*	бэ	베	[b]	ㅂ
3	В	в	*В*	*в*	вэ	붸	[v]	ㅂ
4	Г	г	*Г*	*г*	гэ	게	[g]	ㄱ
5	Д	д	*Д*	*д*	дэ	데	[d]	ㄷ
6	Е	е	*Е*	*е*	е(йэ)	예	[jɛ]	예
7	Ё	ё	*Ё*	*ё*	ё(йо)	요	[jo]	요
8	Ж	ж	*Ж*	*ж*	жэ	줴	[ʒ]	ㅈ
9	З	з	*З*	*з*	зэ	제	[z]	ㅈ
10	И	и	*И*	*и*	и	이	[i]	이
11	Й	й	*Й*	*й*	и кра́ткое 이 끄라뜨꼬예		[j]	이
12	К	к	*К*	*к*	ка	까	[k]	ㄲ
13	Л	л	*Л*	*л*	эл	엘	[l]	ㄹ
14	М	м	*М*	*м*	эм	엠	[m]	ㅁ
15	Н	н	*Н*	*н*	эн	엔	[n]	ㄴ
16	О	о	*О*	*о*	о	오	[o]	오

차례	활자체		필기체		명칭		발음	
17	П	п	*П*	*п*	пэ	빼	[p]	ㅃ
18	Р	р	*Р*	*р*	эр	에르	[r]	ㄹ
19	С	с	*С*	*с*	эс	에쓰	[s]	ㅆ
20	Т	т	*Т*	*т*	тэ	떼	[t]	ㄸ
21	У	у	*У*	*у*	у	우	[u]	우
22	Ф	ф	*Ф*	*ф*	эф	에프	[f]	ㅍ
23	Х	х	*Х*	*х*	ха	하	[x]	ㅎ
24	Ц	ц	*Ц*	*ц*	цэ	쩨	[ts]	ㅉ
25	Ч	ч	*Ч*	*ч*	че	체	[tʃ’]	치
26	Ш	ш	*Ш*	*ш*	ша	샤	[ʃ]	쉬
27	Щ	щ	*Щ*	*щ*	ща	시챠	[ʃʃ]	시
28	Ъ	ъ	*Ъ*	*ъ*	твёрдый знак 뜨뵤르드이 즈나크			-
29	Ы	ы	*Ы*	*ы*	ы	의	[ɨ]	의
30	Ь	ь	*Ь*	*ь*	мя́гкий знак 먀흐끼 즈나크			-
31	Э	э	*Э*	*э*	э	에	[ɛ]	에
32	Ю	ю	*Ю*	*ю*	ю	유	[ju]	유
33	Я	я	*Я*	*я*	я	야	[ja]	야

차 례

I 발음과 억양

Урок 1

모음
<А, О, У, Э, Ы>
자음(두입술소리)
<П, Б, М>
자음(이-입술소리)
<В, Ф>

1. 모음 А а

◆ 우리말의 '아' 음과 비슷하다.

а, а, а, а, а

2. 모음 О о

◆ 우리말의 '오' 음과 비슷하지만, 우리말보다 더 입술을 둥글게 하고 앞으로 내밀 듯이 발음한다.

о, о, о, о, о

3. 모음 У у

◆ 우리말의 '우' 음과 비슷하지만, 위의 '오' 음보다는 더 강하게 입술을 둥글게 하고 앞으로 내밀 듯이 발음한다.

у, у, у, у, у

4. 모음 Э э

- 우리말의 '에' 음과 비슷하다.

э, э, э, э, э

5. 모음 Ы ы

- 우리말의 '의' 음과 비슷하다.

ы, ы, ы, ы, ы

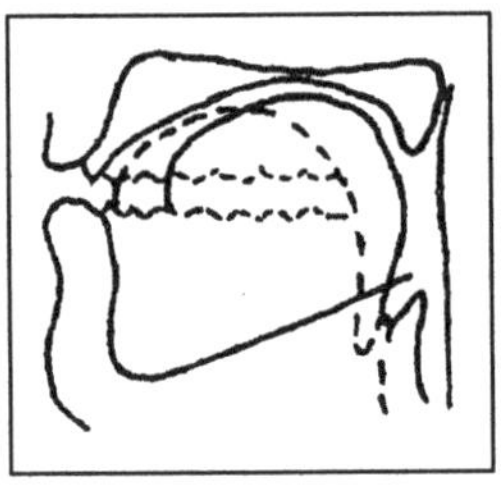

— 모음 [ы]
-- 모음 [и]

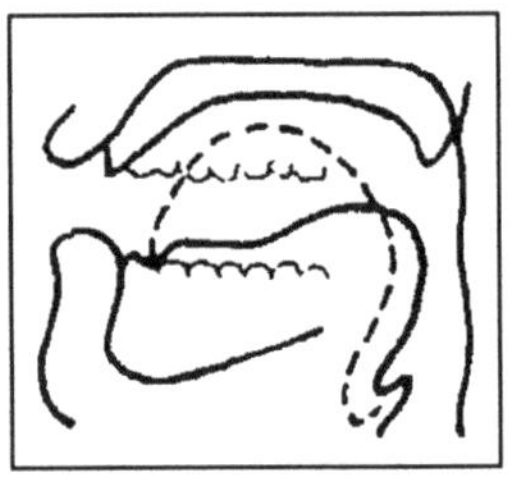

— 모음 [а]
-- 모음 [э]

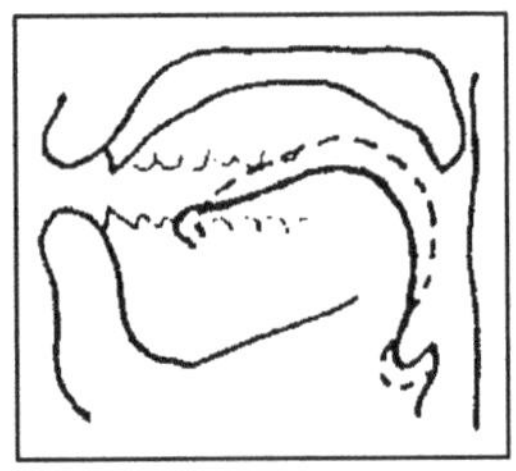

— 모음 [о]
-- 모음 [у]

6. 자음 П п

- 두 입술로 공기의 흐름을 막았다가 열면서 내는 무성음으로 우리말의 'ㅃ' 음과 유사하다.

па	по	пу	пэ	пы
ап	оп	уп	эп	ып
апа	опо	упу	эпэ	ыпы
папа	попо	пупу	пэпэ	пыпы

7. 자음 Б б

- 두 입술로 공기의 흐름을 막았다가 열면서 내는 유성음으로 우리말의 'ㅂ' 음과 유사하다.

ба	бо	бу	бэ	бы
аб	об	уб	эб	ыб
аба	обо	убу	эбэ	ыбы
баба	бобо	бубу	бэбэ	быбы

8. 자음 М м

- 두 입술로 공기의 흐름을 막았다가 열면서 내는 유성음으로 우리말의 'ㅁ' 음과 유사하다.

ма	мо	му	мэ	мы
ам	ом	ум	эм	ым
ама	омо	уму	эмэ	ымы
мама	момо	муму	мэмэ	мымы

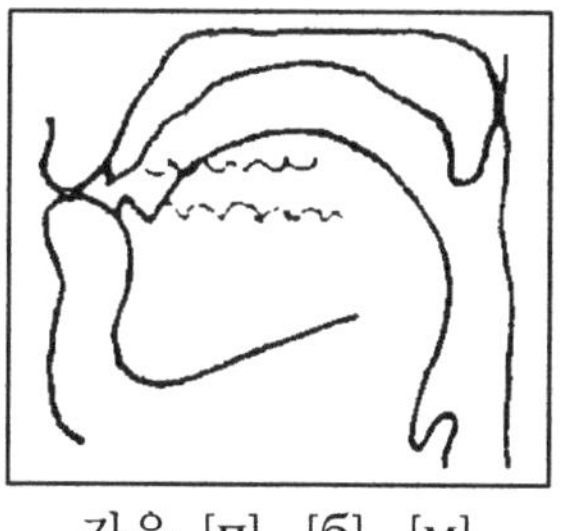

자음 [п], [б], [м]

9. 자음 В в

- 윗니를 아랫입술에 살짝 대었다가 떼면서 내는 유성음으로 우리말의 'ㅂ' 음과 유사하다.

ва	во	ву	вэ	вы
ав	ов	ув	эв	ыв
ава	ово	уву	эвэ	ывы
вава	вово	вуву	вэвэ	вывы

10. 자음 Ф ф

- 윗니를 아랫입술에 살짝 대었다가 떼면서 내는 무성음으로 우리말의 'ㅍ' 음과 유사하다.

фа	фо	фу	фэ	фы
аф	оф	уф	эф	ыф
афа	офо	уфу	эфэ	ыфы
фафа	фофо	фуфу	фэфэ	фыфы

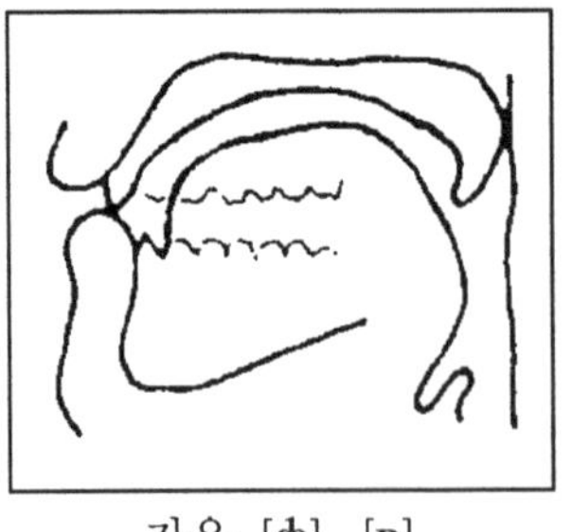

자음 [ф], [в]

Урок 2

모음
<Я, Ё, Ю, Е, И>
자음(잇소리)
<Т, Д, С, З, Н, Л>

1. 모음 Я я

- ‘и’ 음과 ‘а’ 음이 결합한 이중모음으로 우리말의 ‘야’ 음과 비슷하다.

пя	бя	мя	вя	фя
яп	яб	ям	яв	яф
пяп	бяб	мям	вяв	фяф
пяпя	бябя	мямя	вявя	фяфя

2. 모음 Ё ё

- ‘и’ 음과 ‘о’ 음이 결합한 이중모음으로 우리말의 ‘요’ 음과 비슷하다.

пё	бё	мё	вё	фё
ёп	ёб	ём	ёв	ёф
пёп	бёб	мём	вёв	фёф
пёпё	бёбё	мёмё	вёвё	фёфё

3. 모음 Ю ю

◆ 'и' 음과 'у' 음이 결합한 이중모음으로 우리말의 '유' 음과 비슷하다.

пю	бю	мю	вю	фю
юп	юб	юм	юв	юф
пюп	бюб	мюм	вюв	фюф
пюпю	бюбю	мюмю	вювю	фюфю

4. 모음 Е е

◆ 'и' 음과 'э' 음이 결합한 이중모음으로 우리말의 '예' 음과 비슷하다.

пе	бе	ме	ве	фе
еп	еб	ем	ев	еф
пеп	беб	мем	вев	феф
пепе	бебе	меме	веве	фефе

5. 모음 И и

◆ 우리말의 '이' 음과 비슷하다.

пи	би	ми	ви	фи
ипи	би	ми	ви	фи
ти	ди	си	зи	ни
ити	иди	иси	изи	ни

6. 자음 Т т

- 혀끝을 윗니 안쪽에 대었다 떼면서 내는 무성음으로 우리말의 'ㄸ' 음과 유사하다.

та	то	ту	тэ	ты
ат	от	ут	эт	ыт
ата	ото	уту	этэ	ыты
тата	тото	туту	тэтэ	тыты
тя	тё	тю	те	ти

7. 자음 Д д

- 혀끝을 윗니 안쪽에 대었다 떼면서 내는 유성음으로 우리말의 'ㄷ' 음과 유사하다.

да	до	ду	дэ	ды
ад	од	уд	эд	ыд
ада	одо	уду	эдэ	ыды
дада	додо	дуду	дэдэ	дыды
дя	дё	дю	де	ди

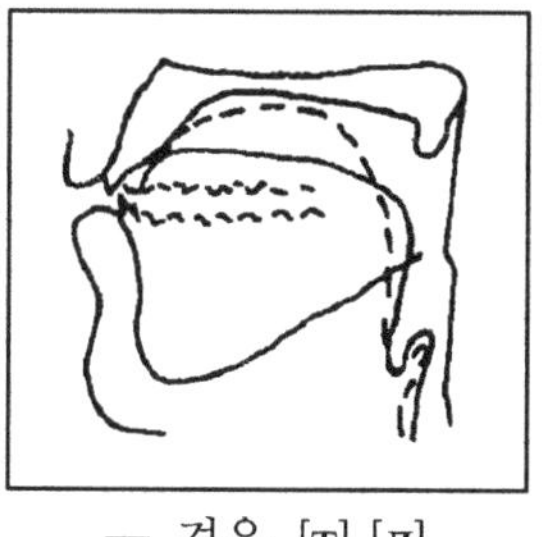

— 경음 [т],[д]
-- 연음 [т],[д]

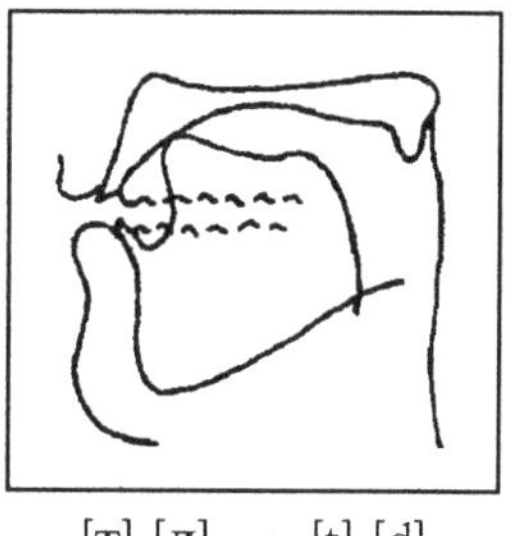

[т],[д] → [t],[d]
발음될 때

8. 자음 С с

◆ 혀끝을 윗니 안쪽에 대었다 떼면서 내는 무성음으로 우리말의 'ㅆ' 음과 유사하다.

са	со	су	сэ	сы
ас	ос	ус	эс	ыс
аса	осо	усу	эсэ	ысы
саса	сосо	сусу	сэсэ	сысы
ся	сё	сю	се	си

9. 자음 З з

◆ 혀끝을 윗니 안쪽에 대었다 떼면서 내는 유성음으로 우리말의 'ㅈ' 음과 유사하다.

за	зо	зу	зэ	зы
аз	оз	уз	эз	ыз
аза	озо	узу	эзэ	ызы
заза	зозо	зузу	зэзэ	зызы
зя	зё	зю	зе	зи

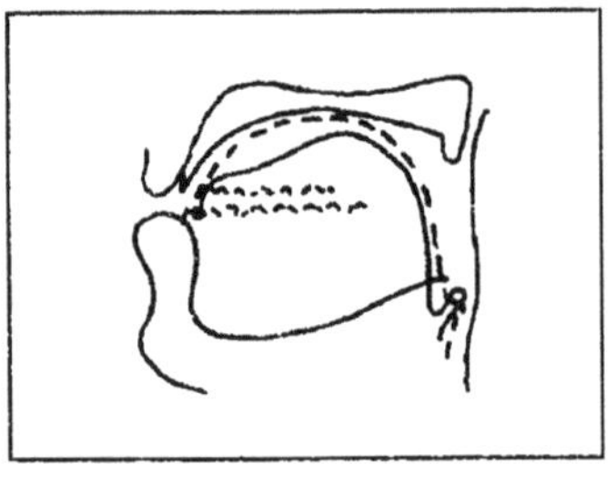

— 경음 [с],[з]
-- 연음 [с],[з]

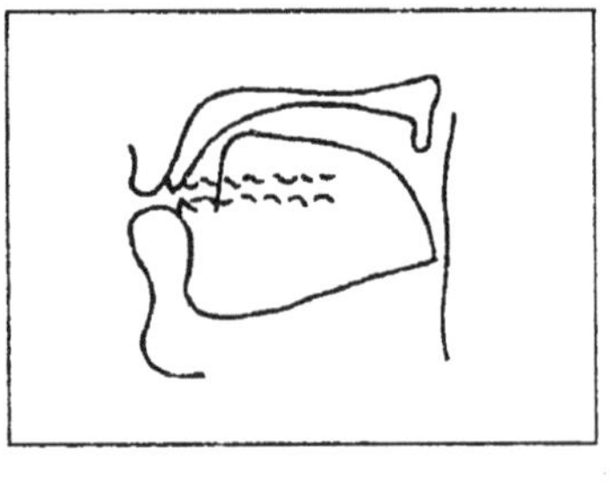

[с][з] → [s][z]
발음될 때

10. 자음 Н н

- 혀끝을 윗니 안쪽에 대었다 떼면서 내는 유성음으로 우리말의 'ㄴ' 음과 유사하다.

на	но	ну	нэ	ны
ан	он	ун	эн	ын
ана	оно	уну	энэ	ыны
нана	ноно	нуну	нэнэ	ныны
ня	нё	ню	не	ни

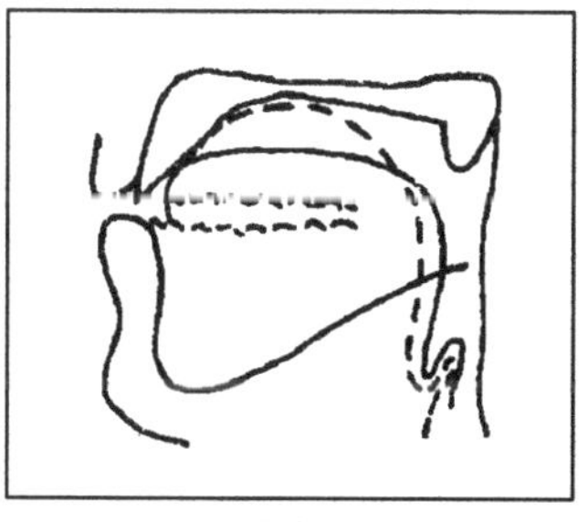

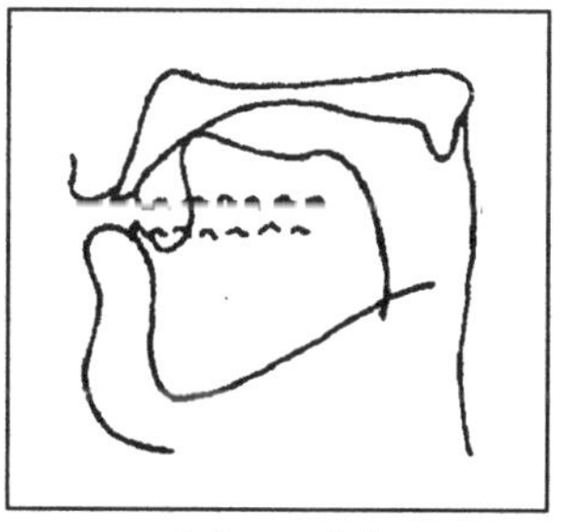

— 경음 [н]
-- 연음 [н]

[н] → [n]
발음될 때

11. 자음 Л л

- 혀끝을 윗니 안쪽에 대었다 떼면서 내는 유성음으로 우리말의 'ㄹ' 음과 유사하다.

ла	ло	лу	лэ	лы
ал	ол	ул	эл	ыл
ала	оло	улу	элэ	ылы
лала	лоло	лулу	лэлэ	лылы
ля	лё	лю	ле	ли

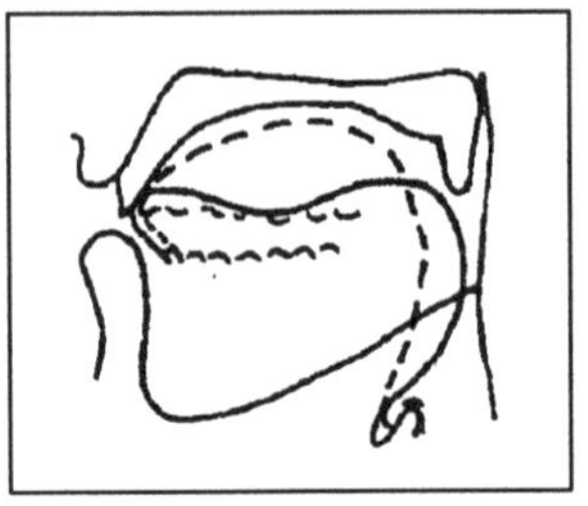

— 경음 [л]
-- 연음 [л]

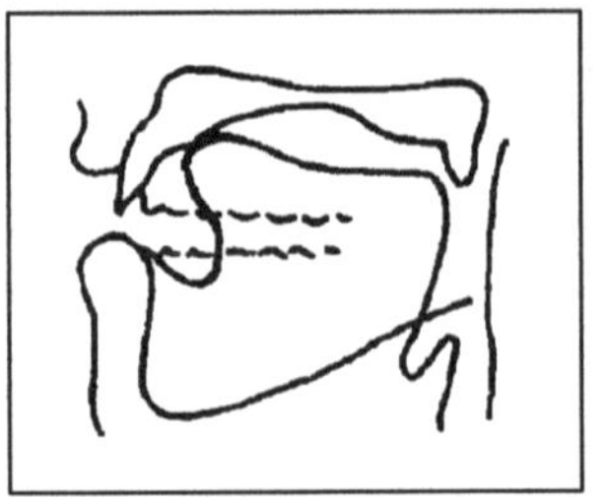

[л] → [l]
발음될 때

Урок 3

자음(잇몸소리)
Р, Ж, Ш, Ц
자음(센입천장소리)
Ч, Щ, Й

1. 자음 Р р

◆ 혀끝을 윗잇몸에 대이면서 혀끝을 여러 번 진동시켜 내는 유성음으로 우리말의 'ㄹ' 음과 유사하다.

ра	ро	ру	рэ	ры
ар	ор	ур	эр	ыр
ара	оро	ypy	эрэ	ыры
papa	popo	pypy	рэрэ	рыры
ря	рё	рю	pe	ри

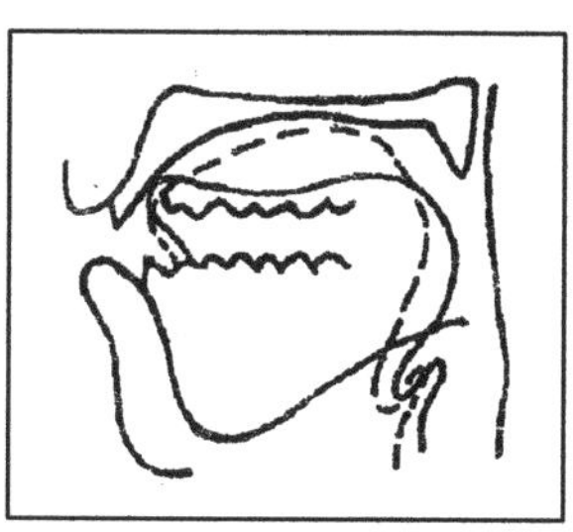

— 경음 [p]
-- 연음 [p]

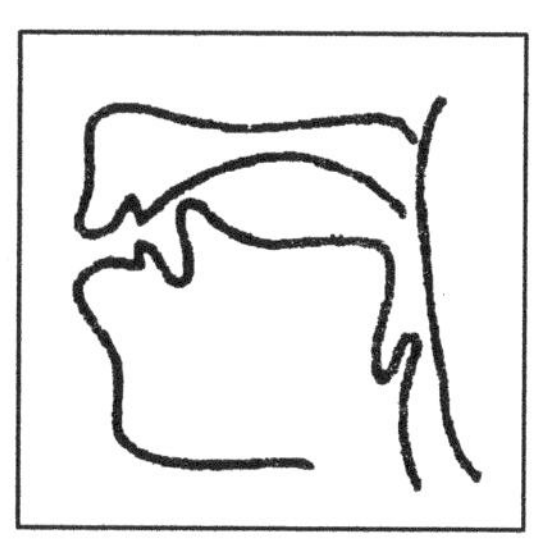

[p] → [r]
발음될 때

2. 자음 Ж ж

- 혀끝을 윗잇몸에 대이면서 내는 유성음으로 우리말의 '쥐' 음과 유사하다. 하지만 정확하게 우리말에 일치하는 음이 없다. 자음 **Ж**는 항상 경음이기 때문에 뒤에 연음을 표시하는 모음이 와도 항상 경음으로 발음된다.

жа	жё[жо]	жу	же[жэ]	жи[жы]
аж	ож	уж	эж	ыж
ажа	ожо	ужу	эжэ	ыжы
жажа	жожо	жужу	жэжэ	жи[ы]жи[ы]

3. 자음 Ш ш

- 혀끝을 윗잇몸에 대이면서 내는 무성음으로 우리말의 '쉬' 음과 유사하다. 하지만 정확하게 우리말에 일치하는 음이 없다. 자음 **Ш**는 항상 경음이기 때문에 뒤에 연음을 표시하는 모음이 와도 항상 경음으로 발음된다.

ша	шё[шо]	шу	ше[шэ]	ши[шы]
аш	ош	уш	эш	ыш
аша	ошо	ушу	эшэ	ышы
шаша	шошо	шушу	шэшэ	ши[ы]ши[ы]

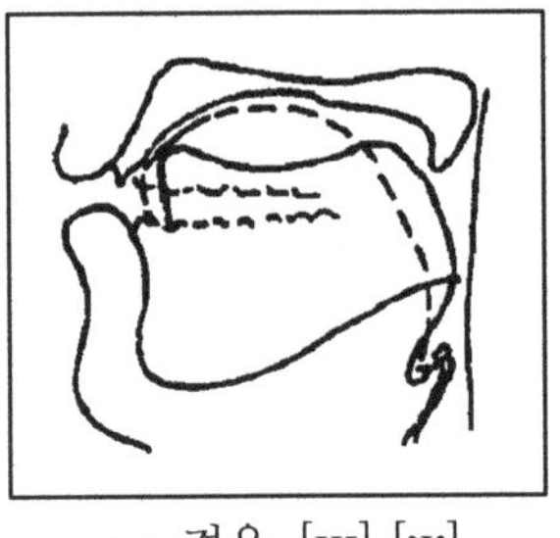

— 경음 [ш],[ж]
-- 연음 [ш],[ж]

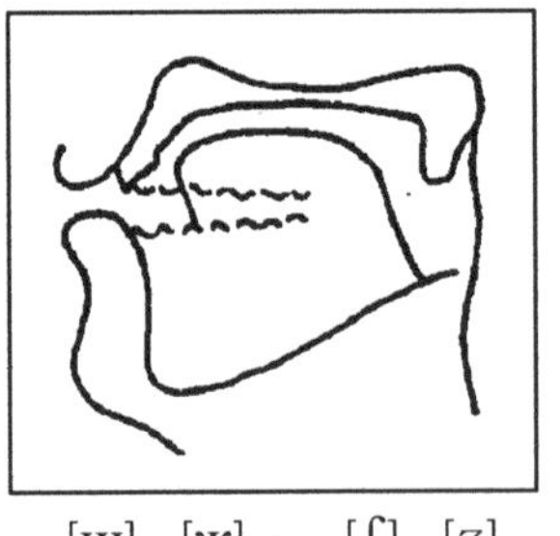

[ш], [ж] → [ʃ], [ʒ]
발음될 때

4. 자음 Ц ц

- 혀끝을 윗잇몸에 대이면서 내는 유성음으로 우리말의 'ㅉ' 음과 유사하다. 하지만 정확하게 우리말에 일치하는 음이 없다. 자음 **Ц**는 항상 경음이기 때문에 뒤에 연음을 표시하는 모음이 와도 항상 경음으로 발음된다.

ца	цо	цу	цэ	цы
ац	оц	уц	эц	ыц
аца	оцо	уцу	эцэ	ыцы
цаца	цоцо	цуцу	цэцэ	цыцы

5. 자음 Ч ч

- 혀의 앞부분을 경구개(센입천장)에 대었다가 떼면서 내는 무성음으로 우리말의 'ㅊ' 음과 유사하다. 자음 **Ч**는 항상 연음으로 발음된다.

ча	чё	чу	че	чи
ач	оч	уч	эч	ыч
ача	очо	учу	эче	ычи
чача	чочо	чучу	чэче	чичи

6. 자음 Щ щ

- 혀의 앞부분을 경구개(센입천장)에 대었다가 떼면서 내는 무성음으로 우리말의 '쉬' 음과 유사하다. 하지만 정확하게 우리말에 일치하는 음이 없다. 자음 **Щ**는 항상 연음으로 발음된다.

ща	щё	щу	ще	щи
ащ	ощ	ущ	эщ	ыщ
аща	ощё	ущу	эще	ыщи
щаща	щёщё	щущу	щеще	щищи

7. 자음 Й й

- 우리말의 '이' 음과 비슷하며 짧게 발음해야 한다.

мой	твой	чай	дай	пой
щей	пойти́	найти́	да́йте	по́йте
чей	ма́йка	злой	худо́й	како́й
си́ний	ти́хий	ста́рый	но́вый	ми́лый

Урок 4

자음(여린입천장소리)
Г, К, Х

부호
Ъ, Ь

1. 자음 Г г

- 혀의 뿌리 부분을 연구개(여린입천장)에 대었다가 떼면서 내는 유성음으로 우리말의 'ㄱ' 음과 비슷하다.

га	го	гу	гэ	гы
аг	ог	уг	эг	ыг
ага	ого	угу	эгэ	ыгы
гага	гого	гугу	гэгэ	гыгы
гя	гё	гю	ге	ги

2. 자음 К к

◆ 혀의 뿌리 부분을 연구개(여린입천장)에 대었다가 떼면서 내는 무성음으로 우리말의 'ㄲ' 음과 비슷하다.

ка	ко	ку	кэ	кы
ак	ок	ук	эк	ык
ака	око	уку	экэ	ыкы
кака	коко	куку	кэкэ	кыкы
кя	кё	кю	ке	ки

3. 자음 Х х

◆ 혀의 뒷부분과 연구개(여린입천장) 사이로 공기를 유출시키면서 내는 무성음으로 우리말의 'ㅎ' 음과 비슷하다.

ха	хо	ху	хэ	хы
ах	ох	ух	эх	ых
аха	охо	уху	эхэ	ыхы
хаха	хохо	хуху	хэхэ	хыхы
хя	хё	хю	хе	хи

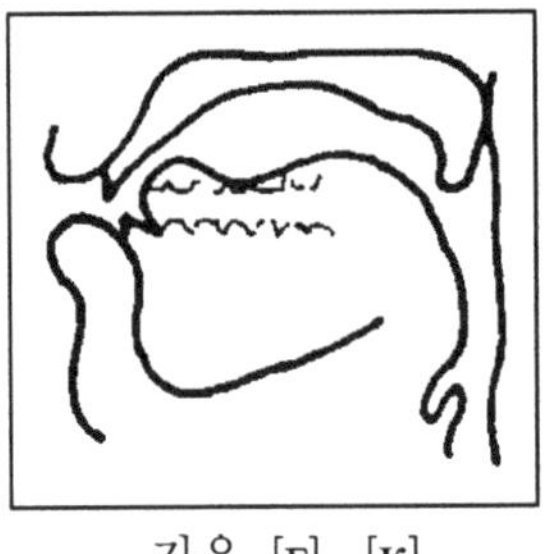

자음 [г], [к]

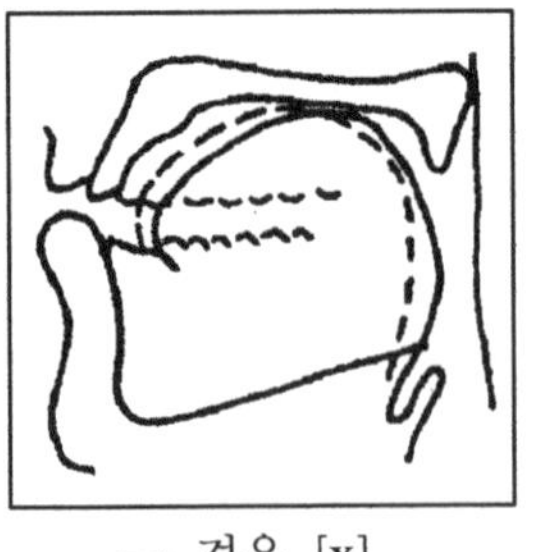

— 경음 [х]
-- 연음 [х]

4. 경음부호 Ъ ъ

◆ 실제 음가를 갖지는 못하고, 발음 시 앞의 철자가 경자음인 것을 나타내주는 역할을 한다. 경음 부호가 단어 중간에 있을 때는 부호 앞과 뒤를 분리하여 발음해준다.

въезд	입구	объе́зд	순회
съесть	다먹다	объе́кт	대상
объём	용량	субъе́кт	주체
съёмка	측량	подъе́зд	도착
отъе́зд	출발	подъём	올라가는 것
разъясне́ние	설명	подъезжа́ть	다가가다

5. 연음부호 Ь ь

◆ 실제 음가를 갖지는 못하고, 발음 시 앞의 철자가 연자음인 것을 나타내주는 역할을 한다. 연음 부호가 단어 중간에 있을 때는 부호 앞과 뒤를 분리하여 발음해준다.

семья́	가족	то́лько	오직
письмо́	편지	ско́лько	얼마
фильм	영화	знать	알다
ра́ньше	예전에	есть	먹다
бра́тья	형제(복수)	мать	어머니
борьба́	투쟁	дочь	딸

※ 발음 연습 1 [자음 м, п, б, в, ф]

ма́ма	па́па	быть	вы	фо́рма
мы	порт	ба́бушка	вот	факт
мир	пюре́	бинт	ви́за	шкафы́
метр	пе́сня	бюро́	век	фи́зик
намо́к	пя́тка	забы́т	увёл	кафе́

※ 발음 연습 2 [자음 т, д, с, з, н]

там	дом	сам	зал	нам
тут	дым	су́мма	зо́на	но́та
те́ма	де́ти	сюда́	зима́	ваго́н
тигр	дя́дя	се́но	газе́та	ня́ня
торт	судья́	си́ла	здесь	нюх

※ 발음 연습 3 [자음 г, к, х, р, л]

га́мма	кот	хор	рука́	луна́
гость	кино́	худо́й	торт	ла́мпа
гуля́ть	нау́ка	хи́мия	ра́дио	зло
ге́ний	кни́га	храм	рис	лист
гипс	кем	успе́х	рю́мка	люк

※ 발음 연습 4 [자음 ш, ж, щ, ч, ц]

наш	жар	щи	чей	царь
шум	жук	щу́ка	час	цех
шок	жир	вещь	заче́м	цирк
ша́пка	жест	защи́та	чи́стый	цыга́н
шить	жёлтый	щёки	дочь	купе́ц

Урок 5

러시아어 음절
러시아어 강세
모음 발음 규칙
자음 발음 규칙
기타 발음 규칙

1. 러시아어 음절

- 목소리의 단절 없이 계속 발음되는 가장 짧은 단위를 음절이라고 부른다. 모음은 보통 1음절을 만들 수 있지만, 자음 하나만으로는 원칙적으로 음절을 이룰 수 없고 모음과 결합해야만 음절이 된다. 한 단어가 몇 음절인지는 단어 속에 포함된 모음의 수에 의해서 결정된다. 예를 들면,

1음절어: там, нет, да, дом
2음절어: э́то, вода́, вино́, страна́
3음절어: голова́, Росси́я

2. 러시아어 강세

- 러시아 단어는 반드시 강세를 가진다. 한 음절어는 원칙적으로 강세를 가지고 있으며, 두 음절 이상의 단어는 반드시 하나의 음절에 강세를 가지고 있다. 강세가 어디에 위치하느냐에 따라 모음 발음에 영향을 미치기 때문에 두 음절 이상의 단어에서는 반드시 강세의 위치를 기억해 두어야 한다.

3. 모음 발음 규칙

- 러시아어에는 모음이 모두 10개이며, 앞의 자음이 경자음임을 나타내주는 경모음 5개와 앞의 자음이 연자음임을 나타내주는 연모음 5개가 있다. 강세는 모음에만 올 수 있으며, 러시아어에서 두 개 이상의 모음을 가진 단어는 반드시 하나의 모음에 강세를 가지고 있다.
- 강세가 있는 모음은 강하게, 길게, 분명하게 발음되지만, 강세가 없는 음절의 모음은 본래의 음가를 발휘하지 못하고 약하게, 짧게, 애매하게 발음된다.
- 러시아어 모음에서 대표적인 모음 약화 현상은 다음과 같다.

1) 모음 а, о 약화

강세가 없는 모음 а, о가 강세 바로 앞자리에 올 때, 그리고 강세 앞자리이면서 맨 첫 음절에 올 경우에서는 [Λ], 그 외의 위치에서는 [ə] 음으로 발음된다.

она́	그녀	голова́	머리
оно́	그것	молоко́	우유
дома́	집들	ко́локол	종
анана́с	파인애플	о́коло	대략, 약
Анто́н	안똔	го́род	도시
са́хар	설탕	пого́да	날씨

2) 모음 е, я 약화

강세가 없는 모음 е, я는 강세 앞자리에 위치했을 때는 대부분 [ji]로 발음되고, 일부 어미에서는 [jə] 음으로 발음된다.

еда́	음식	Япо́ния	일본
земля́	땅, 육지	язы́к	언어
весна́	봄	ме́сяц	달, 월
мечта́	염원	явле́ние	현상
ве́чер	저녁	челове́к	사람
ещё	아직	чемода́н	트렁크

4. 자음 발음 규칙

- 러시아어 자음은 모두 21개이며, 각 자음은 발음기관에 따라 세부적으로 분류할 수 있고, 크게 유성음과 무성음으로 구분해 볼 수 있다.

유성 자음	б	в	г	д	ж	з	й	л	м	н	р	-	-	-	-
무성 자음	п	ф	к	т	ш	с	-	-	-	-	-	х	ц	ч	щ

- 러시아어 자음은 자음끼리 나란히 위치할 때, 유성음과 무성음 자음 간에 자음동화 현상을 일으키며, 항상 역행 동화한다.
- 러시아어 자음에서 대표적인 자음 변화 현상은 다음과 같다.

1) 유성음화 현상

무성자음과 유성자음이 나란히 올 때, 뒤에 있는 유성자음으로 인해 앞의 무성자음이 유성음화 되는 현상이다.

сдать	건네주다	экза́мен	시험
отда́ть	돌려주다	вокза́л	기차역
о́тдых	휴식	рюкза́к	배낭
футбо́л	축구	сбить	제거하다
про́сьба	요청	та́кже	또한
сде́лать	하다	к до́му	집 쪽으로

2) 무성음화 현상

① 유성자음과 무성자음이 나란히 올 때, 뒤에 있는 무성자음으로 인해 앞의 유성자음이 무성음화 되는 현상이다.

ю́бка	치마	второ́й	두 번째의
ло́дка	보트	за́втра	내일
улы́бка	미소	ска́зка	동화
ре́дко	드물게	бли́зко	가까운
ло́жка	숟가락	вперёд	앞으로
кни́жка	책	книг	책(복수생격)

② 유성자음이 단어 맨 끝에 올 때 상응하는 무성음화 된다.

зуб	치아	нож	칼
клуб	클럽	гара́ж	자동차 차고
сад	정원	друг	친구
год	해, 년	снег	눈
глаз	눈(신체)	кров	지붕
моро́з	영하	лев	사자

6. 기타 발음 규칙

- 일부 자음들이 겹쳐서 올 때 다음과 같이 발음된다.

1) 자음이 тс, дс가 올 때 [ц]로 발음된다.

сре́**дс**тво, де́**тс**тво, сове́**тс**кий, де́**тс**кий, горо**дс**ко́й

2) 자음이 -тся, -ться 겹쳐 있을 때는 [ца]로 발음된다.

занима́**ться**, занима́е**тся**, боя́**ться**, встреча́**ться**, встреча́ю**тся**

3) 자음 сч, зч가 겹쳐오면 [щ]로 발음된다.

сча́стье, **сч**ёт, **сч**ита́ть, расска́**зч**ик, прика́**зч**ик

4) 자음 чт가 올 때 [шт]로, чн가 올 때는 [шн]로 발음된다.

[шт]: **чт**о, **чт**о́бы
[шн]: коне́**чн**о, ску́**чн**о, наро́**чн**о

5) 자음 стн, здн, стл가 겹쳐오면 각각 [сн], [зн], [сл]로 발음된다. 즉, 가운데 자음이 묵음이 된다.

[сн]: че́**стн**ый, изве́**стн**ый ме́**стн**ый, гру́**стн**ый, у́**стн**ый
[зн]: по́**здн**о, пра́**здн**ик
[сл]: сча**стл**и́вый, уча**стл**и́вый

Урок 6

러시아어 억양

러시아어에는 7가지 억양이 있다. 이 중에서 가장 많이 사용되는 억양 5가지를 살펴본다. 억양은 러시아어 약자로 ИК(интонационная конструкция)로 표시하며, 뒤의 숫자는 억양 유형을 표시한다.

1. 억양 1(ИК-1)

- 러시아어에서 첫 번째 억양은 일반적인 서술을 하는 평서문에 사용된다.

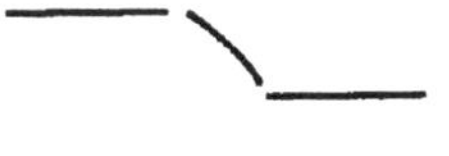

Это Ми́ша.	Ми́ша до́ма.	Ми́ша чита́ет.
Это он.	Это Москва́.	Он студе́нт.

1)	Это Антóн.	이 사람은 안똔이다.
	Это Натáша.	이 사람은 나따샤이다.
	Это Антóн и Натáша.	이 사람은 안똔과 나따샤이다.
2)	Это кни́га.	이것은 책이다.
	Это дом.	이것은 집이다.
	Кни́га там.	책은 저기에 있다.
	Дом далекó.	집은 멀리있다.
3)	Антóн дóма.	안똔은 집에 있다.
	Лéна тóже дóма.	레나도 역시 집에 있다.
	Они́ дóма.	그들은 집에 있다.
4)	Он читáет кни́гу.	그는 책을 읽고 있어.
	Мы гуля́ем.	우리는 산책하고 있어.
	Они́ слýшают рáдио.	그들은 라디오를 듣고 있어.

2. 억양 2(ИК-2)

- 두 번째 억양은 의문사가 있는 의문문과 누군가를 부를 때 사용된다.

Кто э́то?	Как вас зову́т?	Ни́на, где ты?
Что э́то?	Кака́я кни́га?	Куда́ вы идёте?

1) - Кто э́то? — - 이 사람은 누구입니까?
   - Это брат. — - 이 사람은 형입니다.
   - Кто он? — - 그는 무슨 일을 합니까?
   - Он студе́нт. — - 그는 대학생입니다.

2) - Что э́то? — - 이것은 무엇입니까?
   - Это кни́га. — - 이것은 책입니다.
   - Кака́я кни́га? — - 어떤 책입니까?
   - Это учёбник. — - 이것은 교과서입니다.

3) - Ни́на, где ты? — - 니나, 너는 어디에 있니?
   - Я до́ма. — - 나는 집에 있어.
   - Что ты де́лаешь? — - 너는 뭐하고 있니?
   - Я смотрю́ телеви́зор. — - 나는 텔레비전 보고 있어.

4) - Ле́на, куда́ ты идёшь? — - 레나, 너는 어디에 가고 있니?
   - Домо́й. — - 집으로 가는 중이야.
   - Я иду́ в кино́. Пойдём вме́сте. — - 나는 영화관에 가는 길이야. 함께 가자.
   - Хорошо́. — - 좋아.

3. 억양 3(ИК-3)

- 세 번째 억양은 의문사가 없는 의문문에서 사용된다. 문장의 구성 형태가 평서문과 동일하기 때문에 러시아인과 대화 시 억양을 정확하게 살려서 표현해 주어야 한다.

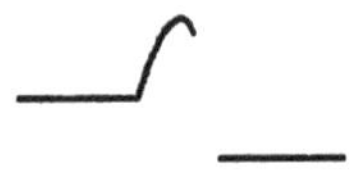

Это Ми́ша?	Ми́ша до́ма?	Ми́ша чита́ет?
Это он?	Это Москва́?	Он врач?

1) - Ми́ша! Это твоя́ семья́? - 미샤! 이 분들이 가족이니?
- Да, э́то па́па, ма́ма и брат. - 응, 이분은 아빠, 엄마와 형이야.
- Па́па рабо́тает? - 아빠는 일하시니?
- Да, в фи́рме. - 그래, 회사에 다니셔.
- Ма́ма то́же рабо́тает? - 엄마도 역시 일하시니?
- Да, ма́ма - профе́ссор. - 응, 엄마는 교수님이야.
- Брат студе́нт? - 형은 대학생이니?
- Да, он студе́нт. - 응, 형은 대학생이야.

2) - Это Еле́на? - 이 사람은 옐레나입니까?
- Да, э́то Еле́на. - 네, 이 사람이 열례나입니다.
- Еле́на до́ма? - 옐레나는 집에 있습니까?
- Да, она́ до́ма. - 네, 그녀는 집에 있습니다.
- Она́ чита́ет? - 그녀는 책을 읽고 있습니까?
- Нет, она́ слу́шает му́зыку. - 아니오, 그녀는 음악을 듣고 있습니다.

3) - Это теа́тр? - 이것은 극장인가요?
- Да, э́то теа́тр. - 네, 이것은 극장입니다.
- Это Большо́й теа́тр? - 이것은 볼쇼이 극장입니까?
- Да, э́то Большо́й теа́тр. - 네, 이것은 볼쇼이 극장입니다.
- Это музе́й? - 이것은 박물관입니까?
- Да, э́то музе́й. - 네, 이것은 박물관입니다.

4. 억양 4(ИК-4)

- 네 번째 억양은 의문사가 없는 불완전한 의문문으로 접속사 а와 함께 쓰일 때 사용된다.

Меня́ зову́т Ни́на, а вас?	Он лю́бит сок, а она́?
У нас есть соба́ка, а у вас?	Мне 20 лет, а вам?
Я иду́ домо́й, а ты?	Он ру́сский, а они́?

1) - Как вас зову́т? - 이름이 어떻게 되세요?
- Меня́ зову́т Анто́н. А вас? - 제 이름은 안똔입니다. 당신은요?
- Ле́на. - 레냐예요.

2) - Куда́ вы идёте? - 당신은 어디 가세요?
- Домо́й. А вы? - 집으로요. 당신은요?
- Я иду́ в магази́н. - 나는 상점에 갑니다.

3) - У вас есть брат? - 당신은 형이 있습니까?
- Да, есть брат. - 네, 형이 있습니다.
- А сестра́? - 누나는요?
- Нет, а у вас? - 없습니다. 당신은요?
- У меня́ есть то́лько сестра́. - 저는 누나만 있습니다.

4) - Здра́вствуй, Ми́ша! - 안녕, 미샤!
- Приве́т, Ле́на! - 안녕, 레나!
- Как дела́? - 어떻게 지내?
- Спаси́бо, хорошо́. А у тебя́? - 고마워, 잘 지내. 너는?
- Спаси́бо, то́же хорошо́. - 고마워, 나도 잘 지내.

5. 억양 5(ИК-5)

◆ 다섯 번째 억양은 어떠한 특징, 상황, 감정, 기분 등을 표현하는 감탄문에서 사용된다.

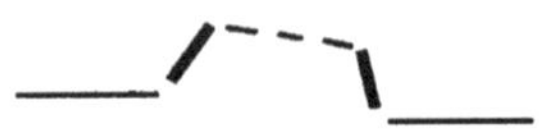

Как хорошо́!	Кака́я хоро́шая пого́да!
Как пло́хо!	Како́й хоро́ший костю́м!

1)	- Са́ша! Куда́ ты идёшь?	- 사샤! 너는 어디 가니?
	- Я иду́ гуля́ть.	- 산책하러 가.
	- Кака́я хоро́шая пого́да!	- 정말 날씨 좋구나!
	- Да, пойдём вме́сте.	- 그래, 함께 가자.
2)	- Анто́н, у тебя́ но́вый костю́м?	- 안톤, 너 새 정장 입었니?
	- Да.	- 그래.
	- Како́й хоро́ший костю́м! Тебе́ о́чень идёт.	- 정말 멋지다! 너한테 아주 잘 어울려.
	- Спаси́бо.	- 고마워.
3)	- Что ты де́лаешь за́втра?	- 내일 너 뭐하니?
	- У меня́ есть дела́. А ты?	- 일이 있어. 너는?
	- Я пое́ду на мо́ре.	- 나는 바다에 갈거야.
	- Как хорошо́!	- 정말 좋겠다!
4)	- Алло́! Ната́ша, пойдём в кино́!	- 여보세요, 나따샤, 영화보러 가자!
	- Нет, я боле́ю. У меня́ есть температу́ра.	- 안돼, 난 몸이 아파. 열이 있어.
	- Как пло́хо!	- 정말 안됐구나!

러시아어 인사 에티켓

만나고 헤어질 때 표현

Приве́т!	안녕!(만났을 때)
Пока́!	안녕! 잘 가!(헤어질 때)
Здра́вствуй! Здра́вствуйте!	안녕! 안녕하세요!(만났을 때)
До свида́ния!	안녕히계세요! 안녕히 가세요!(헤어질 때)
До́брое у́тро!	좋은 아침입니다!(아침인사)
До́брый день!	좋은 하루입니다!(낮인사)
До́брый ве́чер!	좋은 저녁입니다!(저녁인사)
Споко́йной но́чи!	안녕히 주무세요!

고마움의 표현

Спаси́бо.	감사합니다.
Благодарю́.	감사합니다.
Пожа́луйста.	천만에요.
Не сто́ит.	천만에요.

미안함의 표현

Извини́.	미안해.
Извини́те.	미안합니다. 죄송합니다.
Прости́.	미안해.
Прости́те.	미안합니다. 죄송합니다.
Пожа́луйста.	괜찮습니다.
Ничего́.	괜찮습니다.

전화 표현

Алло́!	여보세요!(전화를 걸 때)
Слу́шаю вас.	여보세요.(전화를 받을 때)

Ⅱ 학습과

Урок 1

Ди́ма - студе́нт.
지마는 대학생입니다.

주어와 술어

Это Ди́ма.	이 사람은 지마입니다.
Ди́ма - студе́нт.	지마는 대학생입니다.
Ви́ктор - э́то и́мя.	빅토르는 이름입니다.

ПОЧИТАЕМ

Это Кузнецóв Дúма.
Кузнецóв - э́то фамúлия. Дúма - э́то úмя.
Дúма - студéнт.
Это Иванóв Вúктор Петрóвич.
Иванóв - э́то фамúлия, а Вúктор - э́то úмя.
Петрóвич - э́то óтчество. Он - профéссор.

이 사람은 꾸즈네쪼프 지마입니다.
꾸즈네쪼프는 성입니다. 지마는 이름입니다.
지마는 대학생입니다.
이 사람은 이바노프 빅또르 뻬뜨로비치입니다.
이바노프는 성이고, 빅또르는 이름입니다.
뻬뜨로비치는 부칭입니다. 그는 교수입니다.

СЛОВАРЬ

э́то	이 사람은, 이것은
фамúлия	성
úмя	이름
студéнт	대학생(남)
а	그리고, 그런데
óтчество	부칭
он	그는
профéссор	교수

ПОГОВОРИМ

1. Ди́ма - студе́нт?	지마는 대학생입니까?
2. Кузне́цов - э́то фами́лия?	꾸즈네쪼프는 성입니까?
3. Ди́ма - э́то и́мя?	지마는 이름입니까?
4. Ви́ктор Петро́вич - профе́ссор?	빅또르 뻬뜨로비치는 교수입니까?
5. Петро́вич - э́то о́тчество?	뻬뜨로비치는 부칭입니까?

ДИАЛОГ

①

- Это МГУ?
- Да. Это МГУ.
- МГУ - э́то университе́т?
- Да. МГУ - э́то университе́т.

- 이것은 엠게우입니까?
- 네, 이것은 엠게우입니다.
- 엠게우는 대학교인가요?
- 네, 엠게우는 대학교입니다.

②

- Это Анна Ива́новна?
- Да. Это Анна Ива́новна.
- Она́ профе́ссор?
- Да. Она́ профе́ссор.

- 이 분은 안나 이바노브나입니까?
- 네, 이 분은 안나 이바노브나입니다.
- 그녀는 교수입니까?
- 네, 그분은 교수입니다.

ГРАММАТИКА

1. A는 B이다(주어와 술어)

1) 러시아어에서는 'A는 B이다'의 주어와 술어가 나타나는 문장의 경우, '~이다'에 해당하는 연사는 일반적으로 생략된다. 단, 현재형에서만 가능하다.
문장에서 상태, 성질, 동작을 나타내는 부분을 술어, 그 술어의 행위 주체를 주어라고 한다.

2) 지시대명사 это는 '이 사람은, 이것은'을 의미하며, 사람과 사물 모두에 사용할 수 있다.

Это Ди́ма.	이 사람은 지마이다.
Ди́ма - студе́нт.	지마는 대학생이다.
Это МГУ.	이것은 엠게우이다.

2. '-' = '~이다'

러시아어에서는 'A는 B이다'의 주어와 술어가 나타나는 문장의 경우, '~이다'에 해당하는 부분을 'A - B', 'A - это B'로 나타낼 수 있다.

Ди́ма - студе́нт.	지마는 대학생이다.
Ди́ма - э́то и́мя.	지마는 이름이다.
МГУ - э́то университе́т.	엠게우는 대학교이다.

3. 인칭대명사

말하는 사람을 1인칭, 그 상대방을 2인칭, 그 외의 제 3자를 3인칭이라고 한다.
이러한 것을 나타내는 대명사를 인칭대명사라고 한다. 각각 1인의 경우를 단수, 2인 이상의 경우를 복수라고 한다.

인칭 \ 수	단수		복수	
1인칭	**я**	나는	**мы**	우리는
2인칭	**ты**	너는	**вы**	당신(들)은, 너희들은
3인칭	он она́ оно́	그는 그녀는 그것은	они́	그들은

1) 2인칭 단수 **ты**는 부부, 부모와 자식, 형제, 친구 등 아주 가까운 사이에서 사용한다.

2) 2인칭 복수 **вы**는 상대방이 한명이라도 존경이나 겸손하게 상대방을 높여서 말할 때도 사용된다.

3) 러시아어 인칭대명사에서 он, она́, оно́는 활동체 명사뿐만 아니라 불활동체 명사에도 사용된다.

4) 일반 명사는 항상 3인칭으로 취급된다.

4. 러시아인의 명명

러시아인이 부르는 명명에는 이름, 성, 부칭 3가지로 이루어져 있다.

Это Ивано́в Ви́ктор Петро́вич. 이 사람은 이바노프 빅또르 뻬뜨로비치입니다.
➜ 여기서 Ивано́в는 성이고, Ви́ктор는 이름이며, Петро́вич는 부칭이다.

Это Анна Ива́новна. 이 분은 안나 이바노브나입니다.
➜ 여기서 Анна는 이름이며, Ива́новна가 부칭이다.

1) 부칭이란 '~의 자식(자녀)'를 의미하는 것으로 아버지의 이름에서 규칙적으로 파생된 형태이다. 일반적으로 남자는 어미 -**ович**, -**евич**, 여자라면 -**овна**, -**евна**를 붙여 만들어진다.

아버지 이름		부칭
Алекса́ндр	→	Алекса́ндрович(남)
		Алекса́ндровна(여)

2) 상대방을 높여서 부를 때는 보통 이름과 부칭을 함께 부른다.

Ива́н Петро́вич!
Анна Ива́новна!

ЗАДАНИЯ И УПРАЖНЕНИЯ

1. 그림을 보고 보기와 같이 말해보세요.

<보기>

- Это ка́рта?
- Да. Это ка́рта.

1)	2)	3)	4)	5)

дом	стол	су́мка	каранда́ш	кни́га

2. 그림을 보고 보기와 같이 말해보세요.

<보기>

- Это де́вочка?
- Да, э́то де́вочка.

1)	2)	3)	4)	5)
		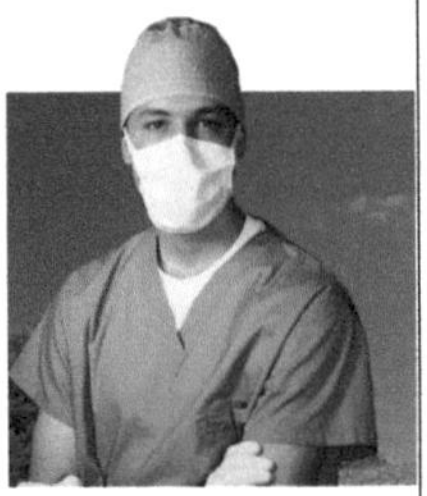		
ма́льчик	профе́ссор	врач	студе́нт	де́вушка

3. 아래 사진 속에 있는 인물이 누구인지, 직업이 무엇인지 말해보세요.

<보기>

Это Пу́шкин Алекса́ндр Серге́евич. Он поэ́т.

1)	2)	3)
 Толсто́й Лев Никола́евич, писа́тель	 Достое́вский Фёдор Миха́йлович, писа́тель	 Чайко́вский Пётр Ильи́ч, компози́тор
4)	5)	6)
 Пу́тин Влади́мир Влади́мирович, президе́нт	 Арша́вин Андре́й Серге́евич, футболи́ст	 Шара́пова Мари́я Юрьевна, спортсме́нка

Урок 2

Это семья́.

이 사람들은 가족입니다.

Да - Нет

Это семья́.	이 사람들은 가족입니다.
Это па́па и ма́ма.	이 사람은 아빠와 엄마입니다.
Оля и Са́ша - брат и сестра́.	올랴와 사샤는 남매입니다.

ПОЧИТАЕМ

Это семья́.
Это па́па и ма́ма.
Это па́па Ива́н Никола́евич. Он профе́ссор.
Это ма́ма Светла́на Анато́льевна.
Она́ домохозя́йка.
Это дочь Оля. Она́ студе́нтка.
Это сын Са́ша. Он шко́льник.
Оля и Са́ша - брат и сестра́.

이 사람들은 가족입니다.
이 사람은 아빠와 엄마입니다.
이 사람은 아빠 이반 니꼴라예비치입니다. 그는 대학교수입니다.
이 사람은 엄마 스베뜰라나 아나똘리예브나입니다.
그녀는 가정주부입니다.
이 사람은 딸 올랴입니다. 그녀는 대학생입니다.
이 사람은 아들 사샤입니다. 그는 고등학생입니다.
올랴와 사샤는 남매입니다.

СЛОВАРЬ

семья́	가족
па́па	아빠
ма́ма	엄마
она́	그녀
и	그리고
домохозя́йка	가정주부
дочь	딸
сын	아들
брат	남자형제
сестра́	여자형제

ПОГОВОРИМ

1. Ива́н Никола́евич - профе́ссор?	이반 니꼴라예비치는 대학교수입니까?
2. Светла́на Анато́льевна - домохозя́йка?	스베뜰라나 아나똘리예브나는 가정주부입니까?
3. Оля - шко́льница?	올랴는 고등학생입니까?
4. Са́ша - студе́нт?	사샤는 대학생입니까?
5. Оля и Са́ша - брат и сестра́?	올랴와 사샤는 남매입니까?

ДИАЛОГ

①

- Это семья́?
- Да. Это па́па и ма́ма.
- Это брат?
- Нет, это не брат. Это сестра́.

- 이 사람은 가족입니까?
- 네, 이 사람은 아빠와 엄마입니다.
- 이 사람은 형입니까?
- 아닙니다. 이 사람은 형이 아닙니다. 누나입니다.

②

- Это дом?
- Да. Это дом.
- Это брат и сестра́?
- Нет. Это не брат и сестра́. Это друг и подру́га.

- 이것은 집입니까?
- 네, 이것은 집입니다.
- 이 사람들은 남매입니까?
- 아니요, 이 사람들은 남매가 아닙니다. 이 사람들은 친구들입니다.

ГРАММАТИКА

1. 접속사 И

접속사 и는 '그리고, ~와'의 의미로 문장에서 동등의 의미를 나타낼 때 사용한다. 접속사 и의 앞과 뒤는 동일한 품사로 이루어져야 한다.

Оля и Cáша	올랴와 사샤
мáма и пáпа	엄마와 아빠
брат и сестрá	형과 누나
Ивáн и Светлáна	이반과 스뻬뜰라나

2. Да와 Нет의 용법

의문사가 없는 의문문에 대한 대답으로 긍정적인 답변에는 да(예), 부정적인 답변에는 нет (아니오)를 사용한다. 부정소사 не는 부정할 단어 바로 앞에 두며, 다음 단어와 붙여서 읽는다. 일반적으로 강세를 가지지 않는다.

- Это пáпа?	- 이 사람은 아빠인가요?
- Да, э́то пáпа.	- 네, 아빠입니다.

- Это Оля?	- 이 사람은 올랴인가요?
- Нет, э́то не Оля. Это Cáша.	- 아니오. 이 사람은 올랴가 아닙니다. 사샤입니다.

ЗАДАНИЯ И УПРАЖНЕНИЯ

1. 문장들을 비교하면서 억양에 맞게 읽어보세요.

1) Это ма́ма и па́па.	Это ма́ма и па́па?
2) Это брат и сестра́.	Это брат и сестра́?
3) Это семья́.	Это семья́?
4) Он профе́ссор.	Он профе́ссор?
5) Она́ домохозя́йка.	Она домохозя́йка?
6) Оля - студе́нтка.	Оля - студе́нтка?

2. 다음 대화문을 완성해보세요.

1)

- Это студе́нт?

- ______________________________

2)

- Это брат и сестра́?

- ______________________________

3)

- Это профе́ссор?

- ______________________________

4)

- Это шко́льница?

- ______________________________

5)

- Это дом?

- ______________________________

6)

- Это университе́т?

- ______________________________

3. 주어진 단어들을 활용해서 사진을 보고 가족에 대해 말해보세요.

〈참고단어〉

ма́ма, па́па, учи́тельница, бизнесме́н,
студе́нт, шко́льница, брат, сестра́, семья́

Это ______________________________

Это __________________ Он __________________

Это __________________ Она́ __________________.

Это __________________ и __________________.

Он __________________. Она́ __________________.

Урок 3

Это шко́ла.

이것은 학교입니다.

의문사 Кто, Что

Что э́то?	이것은 무엇입니까?
Это дом.	이것은 집입니다.
Кто э́то?	이 사람은 누구입니까?
Это Ни́на.	이 사람은 니나입니다.

ПОЧИТАЕМ

Это шко́ла. Это класс.
Здесь доска́, стол, стул и кни́ги.
Это Ни́на. Она́ шко́льница.
Это Анто́н. Он то́же шко́льник.
Это учи́тель Анна Ива́новна.
Сейча́с уро́к.

이것은 학교입니다. 여기는 학급입니다.
여기에는 칠판, 책상, 의자와 책들이 있습니다.
이 사람은 니나입니다. 그녀는 학생입니다.
이 사람은 안톤입니다. 그도 역시 학생입니다.
이 분은 안나 이바노브나 선생님입니다.
지금 수업중입니다.

СЛОВАРЬ

шко́ла	(초, 중, 고등)학교
класс	학급
здесь	여기에
доска́	칠판
стол	책상
стул	의자
кни́ги	책들
шко́льник (шко́льница)	(초, 중, 고등)학생
то́же	역시
учи́тель (учи́тельница)	교사
сейча́с	지금
уро́к	수업

ПОГОВОРИМ

1. Что это?	이것은 무엇입니까?
2. Что там есть?	거기에는 무엇이 있습니까?
3. Кто Ни́на?	니나는 누구입니까?
4. Кто Анто́н?	안똔은 누구입니까?
5. Кто Анна Ива́новна?	안나 이바노브나는 무슨일을 합니까?

ДИАЛОГ

①	②

- Кто э́то? - Это Ива́н Петро́вич. - Он профе́ссор? - Да, он профе́ссор.	- Что э́то? - Это Эрмита́ж. - Эрмита́ж - э́то музе́й? - Да, это музе́й.
- 이 사람은 누구입니까? - 이 사람은 이반 뻬뜨로비치입니다. - 그는 교수입니까? - 네, 그는 교수입니다.	- 이것은 무엇입니까? - 이것은 에르미따쥐입니다. - 에르미따쥐는 박물관입니까? - 네, 박물관입니다.

ГРАММАТИКА

1. 의문사 KTO

의문사 Кто는 '누구'의 의미를 가지며, 사람(혹의 동물)의 이름 뿐 아니라 직업을 물을 때도 사용된다. 일반적으로 의문사는 문장 맨 앞에 놓인다.

Кто это?	이 사람은 누구입니까?
- Это ма́ма.	- 이 사람은 엄마입니다.
- Это студе́нт.	- 이 사람은 대학생입니다.
- Это Ни́на.	- 이 사람은 니나입니다.
Кто это?	이 사람은 뭐하시는 분입니까?
- Это учи́тель.	- 이 분은 선생님입니다.
Кто он?	그는 무슨 일을 합니까?
- Он профе́ссор.	- 그는 교수입니다.
Кто она́?	그녀는 무슨 일을 합니까?
- Она́ врач.	- 그녀는 의사입니다.

2. 의문사 ЧТО

의문사 Что는 '무엇'의 의미를 가지며, 사물에 대하여 물을 때 사용된다. 일반적으로 의문사는 문장 맨 앞에 놓인다.

Что это?	이것은 무엇입니까?
- Это дом.	- 이것은 집입니다.
- Это фо́то.	- 이것은 사진입니다.
- Это кни́га.	- 이것은 책입니다.
Что здесь?	여기에 무엇이 있습니까?
- Здесь стол и стул.	- 여기에 책상과 의자가 있습니다.
- Здесь су́мка.	- 여기에 가방이 있습니다.
- Здесь мо́ре.	- 여기에 바다가 있습니다.

ЗАДАНИЯ И УПРАЖНЕНИЯ

1. 그림을 보고 해당하는 사물을 러시아어로 말해보세요.

〈보기〉

- Что э́то?
- Это журна́л.

1)	2)	3)

4)	5)	6)

су́мка, маши́на, дом, зонт, каранда́ш, де́рево

2. 그림을 보고 해당하는 사람의 직업을 러시아어로 말해보세요.

〈보기〉

- Кто э́то?
- Это учи́тель.

1)	2)	3)

4)	5)	6)

худо́жник, по́вар, космона́вт, моде́ль, профе́ссор, врач

3. 보기와 같이 대화를 완성해보세요.

〈보기〉

- Кто э́то?
- Это де́вушка.

- Что э́то?
- Это кни́га.

1)

– ______________________________?

– ______________________________ .

2)

– ______________________________?

– ______________________________ .

3)

– ______________________________?

– ______________________________ .

4)

– ______________________________?

– ______________________________ .

Кремль, студе́нт, дом, фото́граф

Урок 4

Здесь центр.

여기는 중심지입니다.

의문사 Где

Вот Кремль.	이것은 끄레믈 궁입니다.
Пря́мо ГУМ.	정면에 굼이 있습니다.
Там тури́сты.	저기에 관광객들이 있습니다.

ПОЧИТАЕМ

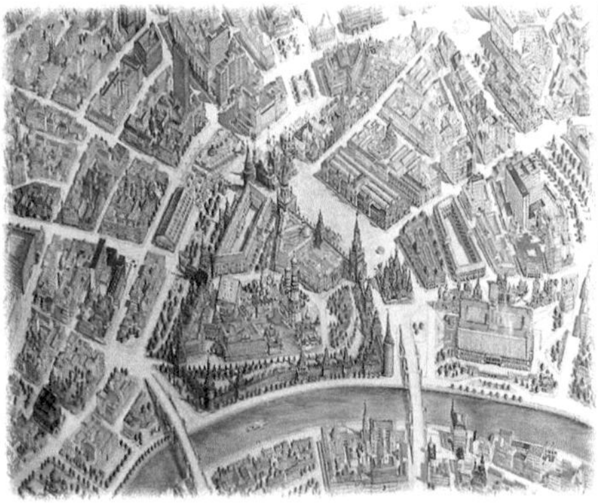

Это го́род.
Это Москва́.
Здесь центр. Вот Кремль.
Пря́мо ГУМ.
Сле́ва музе́й, а спра́ва собо́р.
Там тури́сты.

이것은 도시입니다.
이것은 모스크바입니다.
여기는 중심지입니다. 이것은 끄레믈 궁입니다.
정면에 굼백화점이 있습니다.
왼쪽에 박물관이 있고, 오른쪽에는 사원이 있습니다.
저기에 관광객들이 있습니다.

Кремль	собо́р	ГУМ	музе́й

СЛОВАРЬ

го́род	도시
Москва́	모스크바
центр	중심지, 시내
Кремль	끄레믈 궁
пря́мо	정면에
ГУМ	굼(국영백화점)

сле́ва	왼쪽에
музе́й	박물관
спра́ва	오른쪽에
собо́р	사원
там	저곳에
тури́сты	관광객들

ПОГОВОРИМ

1. Где це́нтр? 중심지는 어디에 있습니까?
2. Где Кремль? 끄레믈 궁은 어디에 있습니까?
3. Где собо́р? 사원은 어디에 있습니까?
4. Где музе́й? 박물관은 어디에 있습니까?
5. Где ГУМ? 굼은 어디에 있습니까?

ДИАЛОГ

①	②
- Где магази́н? - Там пря́мо. - Где кафе́? - Тут сле́ва. - 상점이 어디에 있습니까? - 저기 정면에 있습니다. - 카페는 어디에 있습니까? - 여기 왼쪽에 있습니다.	- Где кни́ги? - Они́ тут. - Где ру́чка? - Она́ там. - 책들은 어디에 있습니까? - 그것들은 여기에 있습니다. - 볼펜은 어디에 있습니까? - 그것은 저기에 있습니다.

ГРАММАТИКА

1. 의문사 Где

의문사 Где는 '어디에'라는 의미로 장소를 묻는 의문문에서 사용된다.

Где Ми́ша?	미샤는 어디에 있습니까?
- Он до́ма.	- 그는 집에 있습니다.
Где журна́л?	- 잡지는 어디에 있습니까?
- Он там.	- 그것은 저기에 있습니다.

※ 장소 표현에 자주 사용되는 표현

Где? 어디에?	тут	거기에
	там	저기에
	здесь	여기에
	сле́ва	왼쪽에
	спра́ва	오른쪽에
	пря́мо	정면에
	сза́ди	뒤에
	наверху́	위에
	внизу́	아래에
Где Саша? 사샤는 어디에 있습니까?	Са́ша здесь.	사샤는 여기에 있습니다.
	Здесь Са́ша.	여기에 사샤가 있습니다.
	Он здесь.	그는 여기에 있습니다
	Он там.	그는 저기에 있습니다.
	Он до́ма.	그는 집에 있습니다.

2. 접속사 a

접속사 a는 문장에서 앞 뒤 내용의 의미가 대조나 대립을 나타낼 때 사용된다.

Тут Ма́ша, а там Ми́ша.
거기에는 마샤가 있고 저기에는 미샤가 있다.

Сле́ва музе́й, а спра́ва собо́р.
왼쪽에는 박물관이 있고, 오른쪽에는 사원이 있다.

Здесь газе́та, а там журна́л.
여기에는 신문이 있고, 저기에는 잡지가 있다.

3. Вот

Вот은 '자, 여기에', '자, 이것이'의 의미로 가까이에 있는 것을 강조하거나, 상대방의 주의를 끌기 위하여 사용되는 표현으로 문장에서 맨 앞에 놓인다.

Вот це́нтр. 여기가 시내입니다.
Вот Кремль. 여기가 끄레믈입니다.

ЗАДАНИЯ И УПРАЖНЕНИЯ

1. 보기와 같이 문장을 완성해보세요.

〈보기〉

Ве́ра, здесь, и, Ира → Здесь Ве́ра и Ира.

1) Макси́м, и, где, Оля
2) Она́, а, тут, там, он
3) Вот, и, ма́льчик, де́вочка
4) Ни́на, Са́ша, Ко́ля, и, где
5) Здесь, Ро́ма, вот
6) Све́та, до́ма, и, Ники́та

2. 지도를 이용해서 대화문을 완성해보세요.

1)

- Где ______________________________?

2)

- Где ______________________________?

3)

- Где ______________________________?

4)

- Где ______________________________?

3. 주어진 단어를 참고해서 보기와 같이 대화문을 완성해보세요.

〈보기〉

- Это рестора́н. Где “Хлеб”?
- “Хлеб” спра́ва.

〈참고단어〉

шко́ла, больни́ца, по́чта, це́рковь, банк, библиоте́ка, поли́ция

тут, там, пря́мо, спра́ва, сле́ва, сза́ди, вот, здесь

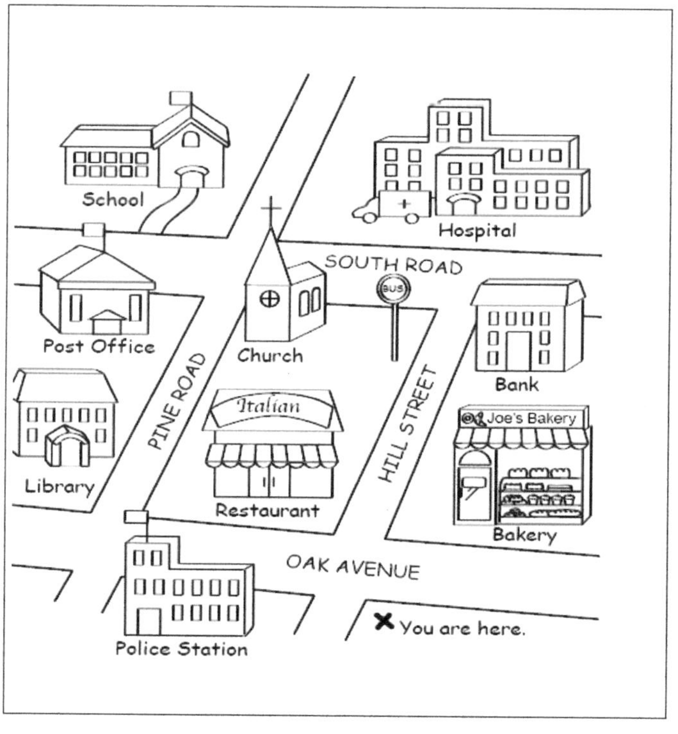

Урок 5

Москва́ - краси́вый го́род.

모스크바는 아름다운 도시입니다.

명사와 형용사 성

Это но́вый райо́н.	이것은 새로운 구역입니다.
Вот совреме́нный музе́й.	여기에 현대 박물관이 있습니다.
Там высо́кое зда́ние.	저기에는 높은 건물이 있습니다.

ПОЧИТАЕМ

Большо́й теа́тр

Москва́ - большо́й и краси́вый го́род.
Это центр. Здесь есть Большо́й теа́тр и
Кра́сная пло́щадь.
Это но́вый райо́н. Вот совреме́нный музе́й.
Там высо́кое зда́ние.
Здесь но́вая шко́ла.

모스크바는 크고 아름다운 도시입니다.
이곳은 중심지입니다. 여기에는 볼쇼이 극장과 붉은 광장이 있습니다.
이것은 새로운 구역입니다. 여기에 현대 박물관이 있습니다.
저기에 높은 건물이 있습니다.
여기에 새로운 학교가 있습니다.

СЛОВАРЬ

большо́й	큰
краси́вый	아름다운
есть	있다
теа́тр	극장
кра́сный	붉은
пло́щадь	광장
но́вый	새로운
райо́н	구역, 지역
совреме́нный	현대의
высо́кий	높은
зда́ние	건물

ПОГОВОРИМ

1. Кака́я Москва́?	모스크바는 어떠합니까?
2. Како́й теа́тр и кака́я пло́щадь здесь есть?	여기에는 어떤 극장과 어떤 광장이 있습니까?
3. Како́й э́то райо́н?	이것은 어떤 구역입니까?
4. Како́е э́то зда́ние?	이것은 어떤 건물입니까?
5. Кака́я э́то шко́ла?	이것은 어떤 학교입니까?

ДИАЛОГ

①

- Кака́я э́то у́лица?
- Это краси́вая у́лица.
- Како́е э́то метро́?
- Это но́вое метро́.

- 이것은 어떤 거리입니까?
- 이것은 아름다운 거리입니다.
- 이것은 어떤 장소입니까?
- 이것은 새로운 장소입니다.

②

- Како́й э́то университе́т?
- Это ста́рый университе́т.
- Како́е э́то зда́ние?
- Это высо́кое зда́ние.

- 이것은 어떤 대학입니까?
- 이것은 오래된 대학입니다.
- 이것은 어떤 건물입니까?
- 이것은 높은 건물입니다.

ГРАММАТИКА

1. 명사의 성

러시아어의 명사는 남성, 여성, 중성 3가지 성을 가진다. 사람이나 동물과 같이 자연적인 성에 의해 결정되는 경우도 있지만, 대부분의 경우 명사 어미에 의해 성이 구분된다.

남성	여성	중성
-(자음)	-а	-о
	-я	-е
-ь	-ь	-ё

	он	она	оно

кто?	студе́нт Ди́ма па́па сын	студе́нтка Ка́тя ма́ма дочь	---
что?	журна́л музе́й университе́т слова́рь	шко́ла пе́сня аудито́рия тетра́дь	вино́ по́ле зада́ние общежи́тие

1) 단어가 여성명사 형태로 이루어져 있다 하더라도 자연적인 성이 남성인 경우는 남성명사로 취급한다.

Ди́ма(지마 - 남자 이름), па́па(아빠), де́душка(할아버지)

2) 어미가 -ь가 끝나는 경우는 남성명사와 여성명사를 구분하는 기준이 없으므로 단어가 나올 때 마다 따로 기억해 두는 것이 좋다.

3) 각 명사는 그 성에 맞는 대명사 он(남성), она́(여성), оно́(중성)로 바꾸어 사용할 수 있다.

2. 형용사의 성

형용사는 일반적으로 명사 앞에 놓여서 명사를 꾸며주는 역할을 하기 때문에 명사와 결합할 때 명사의 성에 의해 형용사의 성이 결정된다. 따라서 형용사도 명사와 마찬가지로 남성, 여성, 중성 형태가 있다.

남성	여성	중성
-ый / -ой / -ий	-ая / -яя	-ое / -ее

Какой?	Какая?	Какое?
но́**вый** дом	но́**вая** шко́ла	но́**вое** зда́ние
больш**о́й** парк	больш**а́я** у́лица	больш**о́е** окно́
си́**ний** цвето́к	си́**няя** лента	си́**нее** мо́ре

ЗАДАНИЯ И УПРАЖНЕНИЯ

1. 주어진 명사들의 성을 구분하여 아래 알맞은 칸에 적어 넣으세요.

	ОН	ОНА	ОНО
кто?			
что?			

университе́т	брат	шко́ла	мать
оте́ц	дочь	дом	Ники́та
кварти́ра	госуда́рство	друг	сын
сестра́	институ́т	Оля	окно́
ба́бушка	дя́дя	по́чта	банк
подру́га	теа́тр	музе́й	кни́га
фо́то	слова́рь	де́душка	альбо́м
тётя	письмо́	общежи́тие	де́вушка

2. 보기와 같이 괄호 속 형용사를 올바른 형태로 고쳐 문장을 완성해보세요.

〈보기〉

Это _____ студе́нтка (краси́вый). → Это краси́вая студе́нтка.

1) Это ______________ пло́щадь (Кра́сный).

2) Это ______________ теа́тр (Большо́й).

3) Это ______________ письмо́ (ста́рый).

4) Это ______________ шко́ла (но́вый).

5) Это ______________ зда́ние (краси́вый).

6) Это ______________ университе́т (совреме́нный).

3. 다음 대화문을 완성해보세요.

1)	2)
Како́й э́то райо́н? - __________________________.	__________________________? - Это гла́вная у́лица.
3)	4)
__________________________? - Это ста́рое метро.	Како́й э́то теа́тр? - __________________________.

Урок 6

Это моя́ кварти́ра.
이것은 나의 아파트입니다.

소유대명사

Вот наш дом.	여기가 우리 집입니다.
Это её краси́вая ко́мната.	이것은 그녀의 예쁜 방입니다.
Вот моя́ ко́мната.	여기가 나의 방입니다.

ПОЧИТАЕМ

Это на́ша у́лица. Вот наш дом.
Вот на́ша краси́вая кварти́ра.
Это мои́ роди́тели. Это их больша́я ко́мната.
Вот моя́ ба́бушка. Это её широ́кая ко́мната.
Вот моя́ ко́мната. Она́ све́тлая и ую́тная.
Это мой стол, стул, шкаф, крова́ть.

이것은 우리 거리입니다. 여기가 우리 건물입니다.
여기가 우리의 예쁜 아파트입니다.
이분들은 나의 부모님들입니다. 이것은 그분들의 큰 방입니다.
이 분은 나의 할머니입니다. 이것은 할머니의 넓은 방입니다.
여기가 나의 방입니다. 방은 밝고 쾌적합니다.
이것은 나의 책상, 의자, 책장, 침대입니다.

СЛОВАРЬ

на́ша	우리의(여)	ба́бушка	할머니
у́лица	거리	её	그녀의
наш	우리의(남)	широ́кий	넓은
дом	건물, 동(아파트)	све́тлый	밝은
кварти́ра	아파트	ую́тный	쾌적한
мой	나의(남)	мой	나의(남)
роди́тели	부모님	стол	책상
их	그들의	стул	의자
ко́мната	방	шкаф	책장
моя́	나의(여)	крова́ть	침대

ПОГОВОРИМ

1. Чья э́то кварти́ра? 이것은 누구의 아파트입니까?
2. Кака́я ко́мната роди́телей? 부모님의 방은 어떠합니까?
3. Кака́я ко́мната ба́бушки? 할머니의 방은 어떠합니까?
4. Кака́я ко́мната геро́я? 주인공의 방은 어떠합니까?
5. Что есть там? 거기에는 무엇이 있습니까?

ДИАЛОГ

①	②
- Это ва́ша ру́чка? - Нет, это не моя́ ру́чка, а её. - Это ваш компью́тер? - Нет, это не мой, а их. - 이것은 당신의 펜입니까? - 아니요, 이것은 나의 펜이 아니라 그녀의 것입니다. - 이것은 당신의 컴퓨터입니까? - 아니요, 이것은 나의 것이 아니라 그들의 것입니다.	- Чей это журна́л? - Это мой журна́л. - А чья это кни́га? - Это моя́ кни́га. - 이것은 누구의 잡지니? - 이것은 나의 잡지야. - 그럼 이것은 누구의 책이니? - 이것은 나의 책이야.

ГРАММАТИКА

1. 소유대명사

1) 누군가의 소유를 나타내는 소유 대명사는 형용사처럼 명사 앞에서 쓰일 경우에는 명사의 성에 따라 다른 형태를 가진다. 3인칭 소유대명사인 **его, её, их**는 수식하는 명사의 성에 관계없이 사용된다.

대명사 / 인칭	단수			복수	의미
	чей(남성)	**чья**(여성)	**чьё**(중성)	**чьи**	**누구의?**
я	мой	моя́	моё	мои́	나의
ты	твой	твоя́	твоё	твои́	너의
мы	наш	на́ша	на́ше	на́ши	우리의
вы	ваш	ва́ша	ва́ше	ва́ши	당신의
он она они	его́ её их				그의, 그녀의, 그들의

2) 소유의문대명사로 **чей, чья, чьё, чьи**는 '소유한 사람'에 대해 물을 때 사용되며, 묻는 대상인 명사의 성에 따라 소유의문대명사도 변화한다.

Чей э́то слова́рь?	이것은 누구의 사전입니까?
- Это мой слова́рь.	- 이것은 나의 사전입니다.
Чья э́то ру́чка?	이것은 누구의 펜입니까?
- Это её ру́чка.	- 이것은 그녀의 펜입니다.
Чье э́то письмо́?	이것은 누구의 편지입니까?
- Это его́ письмо́.	- 이것은 그의 편지입니다.
Чьи э́то кни́ги?	이것은 누구의 책들입니까?
- Это их кни́ги.	- 이것은 그들의 책들입니다.

2. не~, а~ 용법

문장에서 'не~, а~'는 '~이 아니라 ~이다'를 나타낸다.

Это **не** мой стол, **а** его́.	이것은 나의 책상이 아니고, 그의 것이다.
Это **не** моя́ тетра́дь, **а** её.	이것은 나의 공책이 아니고, 그녀의 것이다.
Это **не** на́ша су́мка, **а** ва́ша.	이것은 우리의 가방이 아니고, 당신의 것이다.
Это **не** твоя́ ру́чка, **а** моя́.	이것은 너의 펜이 아니고, 나의 것이다.
Это **не** их кни́га, **а** на́ша.	이것은 그들의 책이 아니고, 우리의 것이다.

ЗАДАНИЯ И УПРАЖНЕНИЯ

1. 보기와 같이 소유 대명사를 사용하여 문장을 만들어보세요.

〈보기〉

стол → Это мой стол.

дом, сад, зонт, ко́мната, ло́жка, соба́ка, тетра́дь, университе́т, шко́ла, ребёнок, профе́ссор, су́мка, ма́ма, брат, дя́дя, сестра́, учи́тель, де́душка

2. 올바른 소유 대명사를 넣어서 문장을 완성해보세요.

〈보기〉

Это Ди́ма. Вот ______ университе́т. → Вот его́ университе́т.

1) Это Ве́ра. Здесь ________________ ру́чка.

2) Это Анто́н. Где ____________сестра́?

3) Это студе́нт. ___________ сестра́ - краса́вица.

4) Это Мари́на и Кири́лл. Это ___________ ме́сто.

5) Это вы? Где ___________ су́мка?

3. 다음 대화문을 완성해보세요.

1)

- Чей э́то компью́тер?

- _________________________ .

2)

- ___________________________?

- Это его́ де́ньги.

3)

- __________________________?

- Это их соба́ка.

4)

- Чьё э́то письмо́?

- ___________________________ .

Урок 7

Мы чита́ем.

우리는 책을 읽습니다.

동사 현재변화형(1)

Мы чита́ем.	우리는 책을 읽고 있습니다.
Ве́ра и Ди́ма слу́шают.	베라와 지마는 듣고 있습니다.
Ники́та слу́шает, а Оля пи́шет.	니끼따는 듣고 있고, 올랴는 쓰고 있습니다.

ПОЧИТАЕМ

Это на́ша аудито́рия.

Мы чита́ем. Снача́ла чита́ет Све́та, пото́м чита́ет Серге́й.

Ве́ра и Ди́ма слу́шают.

Преподава́тель объясня́ет.

Ники́та слу́шает, Оля пи́шет.

여기는 우리의 강의실입니다.
우리는 책을 읽고 있습니다. 처음에 스베따가 읽고, 그 뒤에 세르게이가 읽습니다.
베라와 지마는 듣고 있습니다.
선생님은 설명을 하십니다.
니끼따는 듣고 있고, 올랴는 쓰고 있습니다.

СЛОВАРЬ

аудито́рия	강의실
чита́ть	(책을) 읽다
снача́ла	처음에
пото́м	그 뒤에
слу́шать	듣다
объясня́ть	설명하다
писа́ть	쓰다
преподава́тель	선생님

ПОГОВОРИМ

1. Что де́лают студе́нты?	학생들은 무엇을 하고 있습니까?
2. Что де́лают Ве́ра и Ди́ма?	베라와 지마는 무엇을 하고 있습니까?
3. Что де́лает Ники́та?	니끼따는 무엇을 하고 있습니까?
4. Что де́лает преподава́тель?	선생님은 무엇을 하고 있습니까?
5. Что де́лает Оля?	올랴는 무엇을 하고 있습니까?

ДИАЛОГ

①	②
- Что де́лает Са́ша? - Он изуча́ет ру́сский язы́к. - А Ники́та? - Он то́же. - 사샤는 무엇을 하고 있습니까? - 그는 러시아어를 배우고 있습니다. - 그럼 니끼따는요? - 그도 역시 배웁니다.	- Ты рабо́таешь? - Нет, я не рабо́таю, а отдыха́ю. - А твой друг? - Я не зна́ю. - 너는 일하니? - 아니, 나는 일하지 않고 쉬고 있어. - 그럼 너의 친구는? - 모르겠어.

ГРАММАТИКА

1. 동사의 현재 인칭변화(1) - Ⅰ식 변화

동사의 현재 인칭 변화는 주어의 인칭과 그 인칭의 수(단수, 복수)에 따라 6가지 형태로 변화한다. 즉, 각 인칭에 따라 형태가 정해져 있다.

인칭 \ 동사원형	чита́ть	(책을)읽다
я	**чита́ю**	나는 읽고 있다.
ты	**чита́ешь**	너는 읽고 있다.
он, она́	**чита́ет**	그는(그녀는) 읽고 있다.
мы	**чита́ем**	우리는 읽고 있다.
вы	**чита́ете**	당신은 읽고 있다.
они́	**чита́ют**	그들은 읽고 있다.

1) 동사 **чита́ть**(읽다)의 변화형을 보면 공통적으로 변하지 않는 **чита-** 부분을 현재어간이라 부르고, 그 뒤에 인칭과 수에 따라 변하는 부분을 현재 인칭변화어미라고 부른다.

2) 동사 **чита́ть**(읽다)와 같이 현재 인칭변화어미 **-ю, -ешь, -ет, -ем, -ете, -ют**로 변하는 동사 변화를 Ⅰ식 변화라고 부르고, 여기에 속하는 동사를 Ⅰ식 변화 동사라고 한다.

〈예〉

чита́ть,	зна́ть,	рабо́тать,	отвеча́ть,
понима́ть,	спра́шивать,	слу́шать,	отдыха́ть,
ду́мать,	объясня́ть	рисова́ть,	игра́ть

동사원형 / 인칭	де́лать (하다)	изуча́ть (배우다)	пи́сать (쓰다)
я	де́лаю	изуча́ю	пишу́
ты	де́лаешь	изуча́ешь	пи́шешь
он/она́	де́лает	изуча́ет	пи́шет
мы	де́лаем	изуча́ем	пи́шем
вы	де́лаете	изуча́ете	пи́шете
они́	де́лают	изуча́ют	пи́шут

2. 동사의 부정형

'~하다'의 동사 의미를 '~하지 않다'로 부정하는 표현을 만들고자 할 때는 동사 앞에 부정소사 не를 붙인다.

Он чита́ет. 그는 책을 읽고 있다.
Он **не** чита́ет. 그는 책을 읽고 있지 않다.

Она рабо́тает 그녀는 일을 한다.
Она **не** рабо́тает. 그녀는 일을 하고 있지 않다.

Дима пи́шет. 지마는 쓰고 있다.
Дима **не** пи́шет. 지마는 쓰고 있지 않다.

Вера ду́мает. 베라는 생각한다.
Вера **не** ду́мает. 베라는 생각하고 있지 않다.

3. 명사의 주격

러시아어의 명사는 성뿐만 아니라 문장에서의 쓰임새에 따라 6가지 격을 가진다.
문장에서 주어로 사용되는 명사의 형태를 주격형이라고 한다. 주격형은 문장의 주어로도 술어로도 사용된다.

Я рабо́таю.	나는 일하고 있다.(주격)
Она отдыха́ет.	그녀는 쉬고 있다.(주격)
Здесь журна́л и газе́та.	여기에 잡지와 신문이 있다.(주격 - 주어)
Это журна́л и газе́та.	이것은 잡지와 신문이다.(주격 - 술어)

ЗАДАНИЯ И УПРАЖНЕНИЯ

1. 아래 동사들의 올바른 동사변화형을 적어 넣어 표를 완성해보세요.

동사원형 / 인칭	знать	рабо́тать	понима́ть	отвеча́ть	игра́ть
я ты он/она́ мы вы они́					

2. 괄호 속 동사를 올바른 형태로 넣어 문장을 완성해보세요.

1) Мари́на _______________(рисова́ть).

2) Ты _______________ (чита́ть)?

3) Что вы _______________ (де́лать)?

4) Я _______________ (изуча́ть) ру́сский язы́к.

5) Лю́да и Же́ня _______________ (писа́ть).

6) Мы _______________ (отдыха́ть).

3. 주어진 단어를 활용하여 보기와 같이 대화문을 완성해보세요.

〈보기〉

- Что он де́лает?
- Он пи́шет.

〈참고단어〉

рисова́ть, фотографи́ровать, рабо́тать, отдыха́ть

1)

- ______________________?
- ______________________.

2)

- ______________________?
- ______________________.

3)

- ______________________?
- ______________________.

4)

- ______________________?
- ______________________.

Урок 8

Он говори́т по-ру́сски.
그는 러시아어로 말합니다.

동사 현재변화형(2)

Он ру́сский.	그는 러시아인입니다.
Он говори́т по-ру́сски.	그는 러시아어로 말합니다.
Она́ говори́т по-коре́йски.	그녀는 한국어로 말합니다.

ПОЧИТАЕМ

Это на́ша гру́ппа.
Вот Джон. Он америка́нец.
Он говори́т по-англи́йски.
Это На́рико. Она́ япо́нка. Она́ говори́т по-япо́нски.
Вот Ми́ра. Она́ корея́нка. Она́ говори́т по-коре́йски.
Это Са́ша. Он ру́сский. Он говори́т по-ру́сски.

이 사람들은 우리 그룹입니다.
이 사람은 존입니다. 그는 미국인입니다.
그는 영어로 말합니다.
이 사람은 나리꼬입니다. 그녀는 일본인입니다. 그녀는 일본어로 말합니다.
이 사람은 미라입니다. 그녀는 한국인입니다. 그녀는 한국어로 말합니다.
이 사람은 사샤입니다. 그는 러시아인입니다. 그는 러시아어로 말합니다.

СЛОВАРЬ

гру́ппа	그룹
америка́нец	미국인(남)
по-англи́йски	영어로
япо́нка	일본인(여)
по-япо́нски	일본어로
корея́нка	한국인(여)
по-коре́йски	한국어로
ру́сский	러시아의, 러시아인(남)
по-ру́сски	러시아어로

ПОГОВОРИМ

1. Кто э́то?	이 사람들은 누구입니까?
2. Как говори́т Джон? Кто он?	존은 어떻게 말을 합니까? 그는 누구입니까?
3. Как говори́т На́рико? Кто она́?	나리꼬는 어떻게 말을 합니까? 그녀는 누구입니까?
4. Как говори́т Ми́ра? Кто она́?	미라는 어떻게 말을 합니까? 그녀는 누구입니까?
5. Как говори́т Са́ша? Кто он?	사샤는 어떻게 말을 합니까? 그는 누구입니까?

ДИАЛОГ

①	②
- Кто э́то? - Это Ди́ма. Он ру́сский. - Он зна́ет коре́йский язы́к? - Да, он немно́го говори́т по-коре́йски. - 이 사람은 누구입니까? - 이 사람은 지마입니다. 그는 러시아인이예요. - 그는 한국어를 알고 있습니까? - 네, 그는 한국어로 조금 말할 줄 압니다.	- Вы говори́те по-англи́йски? - Нет, я не говорю́ по-англи́йски. - Вы говори́те по-ру́сски? - Да, я хорошо́ говорю по-ру́сски. - 당신은 영어로 말할 줄 아십니까? - 아니요, 저는 영어로 말할 줄 모릅니다. - 당신은 러시아어로 말할 줄 아십니까? - 네, 저는 러시아어로 잘 말합니다.

ГРАММАТИКА

1. 동사의 현재 인칭변화(2) - Ⅱ식 변화

1) 동사의 현재 인칭 변화는 주어의 인칭과 1인칭의 수(단수, 복수)에 따라 6가지 형태로 변화한다. 즉, 각 인칭에 따라 형태가 정해져 있다.

인칭 \ 동사원형	**говори́ть**	**말하다**
я	говор**ю́**	나는 말하고 있다.
ты	говор**и́шь**	너는 말하고 있다.
он, она́	говор**и́т**	그는(그녀는) 말하고 있다.
мы	говор**и́м**	우리는 말하고 있다.
вы	говор**и́те**	당신은 말하고 있다.
они́	говор**я́т**	그들은 말하고 있다.

2) 동사 говори́ть(말하다)와 같이 현재 인칭변화 어미 -ю, -ишь, -ит, -им, -ите, -ят로 변하는 동사 변화를 Ⅱ식 변화라고 부르고, 여기에 속하는 동사를 Ⅱ식 변화 동사라고 한다.

인칭 \ 동사원형	дружи́ть (친하다)	люби́ть (좋아하다)	смотре́ть (보다)
я	дружу́	люблю́	смотрю́
ты	дру́жишь	лю́бишь	смо́тришь
он/она	дру́жит	лю́бит	смо́трит
мы	дру́жим	лю́бим	смо́трим
вы	дру́жите	лю́бите	смо́трите
они́	дру́жат	лю́бят	смо́трят

2. по-ру́сски와 ру́сский язы́к

1) '러시아어로 읽다, 말하다, 쓰다, 이해하다' 등을 표현할 때는 'по-ру́сски(러시아어로)' 부사를 사용한다.

Я читáю говорю́ пишу́	по-ру́сски по-корéйски по-китáйски по-япóнски по-немéцки по-англи́йски по-францу́зски	러시아어로 한국어로 중국어로 일본어로 독일어로 영어로 프랑스어로	읽다 말하다 쓰다

2) '외국어로 읽고, 말하고, 쓰고, 이해하다' 표현은 그 정도를 나타내주는 부사와 함께 자주 사용된다.

говори́ть	как?	óчень хорошó хорошó нехорошó плóхо óчень плохó	아주 잘 잘 잘하지는 않게 서툴게, 잘못 매우 서툴게

1) '러시아어를 알다'를 표현 할 때는 'ру́сский язы́к(러시아어를)' 표현을 사용한다.

Я знáю	ру́сский язы́к корéйский язы́к китáйский язы́к япóнский язы́к	러시아어를 한국어를 중국어를 일본어를	알다

	неме́цкий язы́к	독일어를	
	англи́йский язы́к	영어를	
	францу́зский язы́к	프랑스어를	

3. 언어, 민족에 따른 명칭

язы́к 언어	он 남자	она 여자
ру́сский язы́к 러시아어	ру́сский 러시아인(남)	ру́сская 러시아인(여)
коре́йский язы́к 한국어	коре́ец 한국인(남)	корея́нка 한국인(여)
кита́йский язы́к 중국어	кита́ец 중국인(남)	кита́янка 중국인(여)
англи́йский язы́к 영어	англича́нин америка́нец 영국인(남) 미국인(남)	англича́нка америка́нка 영국인(여) 미국인(여)
неме́цкий язы́к 독일어	не́мец 독일인(남)	не́мка 독일인(여)
испа́нский язы́к 스페인어	испа́нец 스페인인(남)	испа́нка 스페인인(여)

ЗАДАНИЯ И УПРАЖНЕНИЯ

1. 아래 동사들의 올바른 동사변화형을 적어 넣어 표를 완성해보세요.

동사원형 / 인칭	стрóить	смотрéть	готóвить	просúть	кýрить
я			готóвлю	прошý	
ты			готóвишь	прóсишь	
он/онá					
мы					
вы					
онú					

2. 동사 говорить를 활용하여 문장을 완성해보세요.

1) Мы хорошó _______________ по-рýсски.

2) Мой брат _______________ по-япóнски.

3) Вы _______________ по-рýсски?

4) Онá неплóхо _______________ по-китáйски.

5) Я _______________по-рýсски.

6) Студéнты прекрáсно _______________ по-англúйски.

3. 다음 대화문을 완성해보세요.

1)

- Кто э́то?
- ______________________________ .
- Он говори́т по-англи́йски?
- ______________________________ .

2)

- ______________________________ ?
- Это Ёко.
- ______________________________ ?
- Она говори́т по-япо́нски.

3)

- Вы коре́ец?
- ______________________________ .
- Вы говори́те по-коре́йски?
- ______________________________ .

4)

- Вы иностра́нец?
- ______________________________ .
- Вы говори́те по-ру́сски?
- ______________________________ .

Урок 9

Какáя сегóдня хорóшая погóда!

오늘 날씨가 정말 좋군요!

감탄문

Веснá.	봄입니다.
Свéтит сóлнце.	태양이 빛나고 있습니다.
Нéбо голубóе.	하늘은 푸릅니다.

ПОЧИТАЕМ

Весна́. Сего́дня тёплый день.
Све́тит со́лнце. Цветы́. Не́бо голубо́е.
Окса́на и Юля гуля́ют.
"Како́е голубо́е не́бо!" - говори́т Окса́на.
"Кака́я хоро́шая пого́да!" - говори́т Юля.

봄입니다. 오늘은 따뜻한 날입니다.
태양이 빛나고 있습니다. 꽃들이 있습니다. 하늘은 푸릅니다.
옥사나와 율랴는 산책합니다.
"하늘이 정말 푸르다!" 라고 옥사나가 말합니다.
"정말 날씨 좋다" 라고 율랴가 말합니다

СЛОВАРЬ

весна́	봄
сего́дня	오늘
тёплый	따뜻한
день	날, 일
свети́ть	빛나다, 반짝이다
со́лнце	태양, 해
цветы́	꽃
не́бо	하늘
голубо́й	푸른색의
гуля́ть	산책하다
хоро́ший	좋은
пого́да	날씨

ПОГОВОРИМ

1. Како́е вре́мя го́да?	지금 계절이 어떠합니까?
2. Како́й сего́дня день?	오늘 날이 어떠합니까?
3. Что де́лают Окса́на и Юля?	옥사나와 율랴는 무엇을 하고 있습니까?
4. Что говори́т Окса́на?	옥사나는 무엇이라고 말합니까?
5. Что говори́т Юля?	율랴는 무엇이라고 말합니까?

ДИАЛОГ

①	②

- Это Санкт-Петербу́рг. Вот Эрмита́ж. - Како́й краси́вый музе́й! - Это Нева́. - Кака́я широ́кая река́!	- Это Ирку́тск. Это о́зеро Байка́л. - Како́е большо́е о́зеро! - Это ру́сская зима́. - Како́й бе́лый снег!
- 이것은 상트 페테르부르그입니다. 여기가 에르미따쉬입니다. - 정말 아름다운 박물관이구요! - 이것은 네바강입니다. - 정말 넓은 강입니다!	- 이것은 이르쿠츠크입니다. 이것은 바이칼 호수입니다. - 정말 큰 호수이군요! - 이것이 러시아의 겨울입니다. - 정말 하얀 눈으로 덮였군요!

ГРАММАТИКА

1. 감탄문

1) 의문사 како́й, кака́я, како́е, каки́е는 의문문에서는 의문사로 사용되지만, 감탄문을 만들 때도 사용된다.

Како́й хоро́ший день!	정말 좋은 날이군요!
Кака́я хоро́шая пого́да!	정말 좋은 날씨군요!
Кака́я краси́вая де́вушка!	이렇게 아름다운 아가씨가 있다니!
Како́е си́нее мо́ре!	정말 푸른 바다야!
Каки́е краси́вые глаза́!	이렇게 예쁜 눈이 있다니!

2) 의문사 как도 또한 감탄문을 만들 때 사용된다.

Как хорошо́!	정말 좋구나!
Как пло́хо!	정말 안됐구나!

2. 형용사 용법

형용사는 명사 앞에 놓여 명사의 의미를 한정해주는 한정적 기능과 문장에서 술어 역할을 하는 술어 기능을 가지고 있다. 명사를 수식할 때는 명사의 성, 수, 격에 일치해야 한다.

1) 한정적 기능

Это но́вый стол.	이것은 새 책상이다.
Это но́вая кни́га.	이것은 새 책이다.
Это но́вое окно́.	이것은 새 창문이다.

1) 술어 기능

Этот стол но́вый.	이 책상은 새 것이다.
Эта кни́га но́вая.	이 책은 새 것이다.
Это окно́ но́вое.	이 창문은 새 것이다.
Эти зда́ния высо́кие.	이 건물들은 높다.

※ 지시대명사

성, 수 / 의미	단수			복수
	남성	여성	중성	
이	э́тот	э́та	э́то	э́ти
저	то	та	то	те

3. 계절과 12달(Месяцы)

<table>
<tr><th colspan="2">Времена́ го́да
(사계절)</th></tr>
<tr><td></td><td></td></tr>
<tr><td>зима́ 겨울
дека́брь 12월
янва́рь 1월
февра́ль 2월</td><td>весна́ 봄
март 3월
апре́ль 4월
май 5월</td></tr>
</table>

ле́то	여름
ию́нь	6월
ию́ль	7월
а́вгуст	8월

о́сень	가을
сентя́брь	9월
октя́брь	10월
ноя́брь	11월

ЗАДАНИЯ И УПРАЖНЕНИЯ

1. 계절과 12달을 알맞게 넣어 빈칸을 채워보세요.

1) весна́	2)	3) зима́	4)
	ию́нь		сентя́брь
апре́ль		янва́рь	
	а́вгуст		ноя́брь

2. 억양을 살려 아래 문장들을 읽어보세요.

1) Како́й большо́й парк!
2) Кака́я широ́кая река́!
3) Како́е интере́сное кино́!
4) Кака́я краси́вая де́вушка!
5) Како́й у́мный студе́нт!
6) Кака́я хоро́шая пого́да!

3. 주어진 단어를 활용하여 아래 대화문을 완성해보세요.

1)

- Вот ро́за.

- ____________________________!

2)

- Это Яросла́вль. Это Во́лга.

- ____________________________!

3)

- Это Со́чи. Это мо́ре.

- ____________________________!

4)

- Это Сиби́рь. Это Ура́л.

- ____________________________!

〈참고단어〉

си́ний, высо́кий, краси́вый, широ́кий
гора́, цвето́к, мо́ре, река́

Урок 10

Зимо́й хо́лодно.
겨울에는 춥습니다.

무인칭문, 계절표현

Весно́й тепло́.	봄에는 따뜻합니다.
В апре́ле +10 (плюс де́сять).	4월에는 영상 10도입니다.
Зимо́й -20 (ми́нус два́дцать).	겨울에는 영하 20도입니다.

ПОЧИТАЕМ

Веснóй теплó. Но в мáрте ещё хóлодно.
В апрéле теплó. +10 (плюс дéсять).
Лéтом жáрко. В áвгусте óчень жáрко.
+28 (плюс двáдцать вóсемь).
Осенью хóлодно. В сентябрé ещё теплó.
В ноябрé óчень хóлодно.
-10 (мúнус дéсять).
Зимóй хóлодно. -20 (мúнус двáдцать).

봄에는 따뜻합니다. 하지만 3월에는 아직 춥습니다.
4월에는 따뜻합니다. 영상 10도입니다.
여름에는 덥습니다. 8월에는 매우 덥습니다. 영상 28도입니다.
가을에는 춥습니다. 9월에는 아직 따뜻합니다.
11월에는 매우 춥습니다. 영하 10도입니다.
겨울에는 춥습니다. 영하 20도입니다.

СЛОВАРЬ

веснóй	봄에는	теплó	따뜻하다
март	3월	хóлодно	춥다
апрéль	4월	+(плюс)	영상
10(дéсять)	10	лéтом	여름에는
жáрко	덥다	áвгуст	8월
28(двáдцать вóсемь)	28	óсенью	가을에는
сентя́брь	9월	ещё	아직
нóябрь	11월	óчень	매우
- (мúнус)	영하	зимóй	겨울에는
20(двáдцать)	20	но	하지만

ПОГОВОРИМ

1. Как веснóй? Как в мáрте? 봄에는 어떠합니까? 3월에는 어떠합니까?
2. Как лéтом? Как в áвгусте? 여름에는 어떠합니까? 8월에는 어떠합니까?
3. Как óсенью? 가을에는 어떠합니까?
4. Как в сентябрé? 9월에는 어떠합니까?
5. Как зимóй? 겨울에는 어떠합니까?

ДИАЛОГ

①	②
- Какáя сегóдня погóда? - Сегóдня теплó. +15. - Какáя хорóшая погóда! - Да. Сегóдня сóлнечно. - 오늘 날씨가 어떠하니? - 오늘은 따뜻해. 영상 15도야. - 정말 날씨가 좋구나! - 그래, 오늘은 햇살이 좋아.	- Здесь зимóй óчень хóлодно? - Да. -30. - А лéтом? - Лéтом теплó. +25. - 여기는 겨울에 많이 춥니? - 그래, 영하 30도야. - 그럼 여름에는? - 여름에는 따뜻해. 영상 25도야.

ГРАММАТИКА

1. 무인칭문

문장에 주어가 없이 형용사가 술어로 표현되는 문장을 무인칭문이라고 한다. 무인칭문에서 과거시제는 быть 동사의 과거형으로, 미래시제는 быть 동사의 현재변화형으로 표현한다.

Кака́я пого́да была́ вчера́? - Вчера́ бы́ло тепло́.	어제는 날씨가 어떠했습니까? - 어제는 따뜻했습니다.
Кака́я сего́дня пого́да? - Сего́дня тепло́.	오늘은 날씨가 어떠합니까? - 오늘은 따뜻합니다.
Кака́я пого́да бу́дет за́втра? - За́втра бу́дет тепло́.	내일은 날씨가 어떠합니까? - 내일은 따뜻할 겁니다.

2. 부사형

러시아어에서 일부 부사형은 형용사 단어미형에서 파생된 경우들이 있다.
이때 형용사 단어미 중성형만 부사로 사용된다.

Како́й?	**어떤?**	**Как?**	**어떻게?**
хоро́ший	좋은	хорошо́	좋게
плохо́й	나쁜	пло́хо	나쁘게
краси́вый	예쁜	краси́во	예쁘게
интере́сный	재미있는	интере́сно	재미있게

3. 시간표현

러시아어에서 어떠한 때를 나타내는 시간 표현은 다양한 형태로 나타난다.

Когда́?	**언제?**
сего́дня	오늘
сейча́с	지금
зимо́й	겨울에
в январе́	1월에
у́тром	아침에

1) 하루

하루의 어떤 때를 표현할 때는 단어의 조격 형태를 사용하여 시간의미를 나타낸다.

у́тро 아침	день 점심, 낮	ве́чер 저녁	ночь 밤
у́тром 아침에	днём 낮에	ве́чером 저녁에	но́чью 밤에

2) 계절

계절의 특정시기를 나타낼 경우에는 단어의 조격 형태를 사용하여 시간의미를 나타낸다.

зима́ 겨울	весна́ 봄	ле́то 여름	о́сень 가을
зимо́й 겨울에	весно́й 봄에	ле́том 여름에	о́сенью 가을에

3) 12달

달(월)의 특정시기를 나타낼 경우에는 전치사 '**в** + 달(전치격)'의 형태를 사용해서 시간의미를 나타낸다.

янва́рь 1월	в январе́ 1월에	ию́ль 7월	в ию́ле 7월에
февра́ль 2월	в феврале́ 2월에	а́вгуст 8월	в а́вгусте 8월에
март 3월	в ма́рте 3월에	сентя́брь 9월	в сентябре́ 9월에
апре́ль 4월	в апре́ле 4월에	октя́брь 10월	в октябре́ 10월에
май 5월	в ма́е 5월에	ноя́брь 11월	в ноябре́ 11월에
ию́нь 6월	в ию́не 6월에	дека́брь 12월	в декабре́ 12월에

ЗАДАНИЯ И УПРАЖНЕНИЯ

1. 보기와 같이 부사형을 만들어보세요.

〈보기〉

интере́сный → интере́сно

1) гро́мкий ____________________
2) краси́вый ____________________
3) тёплый ____________________
4) холо́дный ____________________
5) плохо́й ____________________
6) жа́ркий ____________________

2. 보기와 같이 괄호 속 단어를 활용하여 문장을 완성해보세요.

〈보기〉

__________ (о́сень) дождли́во. → Осенью дождли́во.

1) ________________ (зима́) хо́лодно.
2) ________________ (ле́то) жа́рко.
3) ________________ (апре́ль) тепло́.
4) ________________ (ноя́брь) всегда́ дождь.

5) ________________ (ию́ль) кани́кулы.

6) ________________ (весна́) прохла́дно.

3. 다음 대화문을 완성해보세요.

1)

Коре́я

- Кака́я пого́да тут зимо́й?
- ________________________ .
- А ле́том?
- ________________________ .

2)

Росси́я

- ________________________ ?
- Зимо́й тут хо́лодно, -20.
- ________________________ ?
- Ле́том тут жа́рко +25.

Урок 11

Чита́йте текст!
본문을 읽으세요!

동사 명령형

Чита́йте текст!	본문을 읽으세요!
Слу́шайте и повторя́йте!	듣고 따라하세요!
Говори́те!	말하세요!

ПОЧИТАЕМ

Мы изуча́ем ру́сский язы́к.
Мы чита́ем, пи́шем, говори́м по-ру́сски, слу́шаем, перево́дим. Преподава́тель говори́т:
- Чита́йте текст!
- Пиши́те упражне́ние!
- Слу́шайте и повторя́йте!
- Говори́те!
- Де́лайте зада́ние №1!

우리는 러시아어를 배웁니다.
우리는 러시아어로 읽고, 쓰고, 말하고, 듣고, 해석을 합니다.
선생님이 말씀하십니다:
- 본문을 읽으세요!
- 연습문제를 쓰세요!
- 듣고 따라하세요!
- 말해보세요!
- 1번 문제를 푸세요!

СЛОВАРЬ

изуча́ть	배우다, 공부하다	писа́ть	쓰다
слу́шать	듣다	переводи́ть	해석하다, 번역, 통역하다
текст	본문	упражне́ние	연습문제
повторя́ть	반복하다	де́лать	하다
зада́ние	문제, 과제	препода́ватель	선생님

ПОГОВОРИМ

1. Кто они́?	그들은 누구입니까?
2. Что они́ де́лают?	그들은 무엇을 하고 있습니까?
3. Что вы де́лаете на уро́ке?	여러분은 수업시간에 무엇을 합니까?
4. Что говори́т преподава́тель?	선생님은 무엇을 말하고 있습니까?
5. Что говори́т ваш преподава́тель?	여러분의 선생님은 무엇을 말합니까?

ДИАЛОГ

①	②
- Смотри́те! Это Кремль. - Очень большо́й. - Смотри́те! Это собо́р. - Како́й он краси́вый!	- Дай, пожа́луйста, слова́рь! - Возьми́. Вот он. - Спаси́бо. Дай, пожа́луйста, каранда́ш! - Вот.
- 자, 보세요! 이것은 끄레믈 궁입니다. - 매우 크군요. - 보세요! 이것은 사원입니다. - 정말 아름답군요!	- 사전 좀 줄래! - 가져가! 여기 있어. - 고마워. 연필 좀 줘! - 여기 있어.

ГРАММАТИКА

동사 명령형

1) 러시아어에서 명령법은 2인칭 단수 ты와 2인칭 복수 вы에 대한 2가지 형태가 있다. вы에 대한 명령형은 ты에 대한 명령형에 -те를 첨가하면 된다. 명령형은 현재어간이 어떻게 끝나느냐에 따라 다음과 같이 달라진다.

현재어간형		명령형
1) 모음으로 끝나는 것		어간 + й(те)
2) 자음으로 끝나는 것	a) 어미에 강세가 있는 경우	어간 + и́(те)
	b) 어간에 강세가 있는 경우	어간 + ь(те)

2) 동사 명령형의 예

동사원형		ты	вы	
повторя́ть	반복하다	повторя́й	повторя́йте	반복해(반복하세요)!
чита́ть	읽다	чита́й	чита́йте	읽어(읽으세요)!
дава́ть	주다	дай	да́йте	줘(주세요)!
встава́ть	일어나다	встава́й	встава́йте	일어나(일어나세요)!
писа́ть	쓰다	пиши́	пиши́те	써(쓰세요)!
говори́ть	말하다	говори́	говори́те	말해(말하세요)!
смотре́ть	보다	смотри́	смотри́те	봐(보세요)!
учи́ть	외우다	учи́	учи́те	외워(외우세요)!
гото́вить	준비하다	гото́вь	гото́вьте	준비해(준비하세요)!
вста́вить	채워넣다	вставь	вста́вьте	채워넣어(채워넣으세요)!

ЗАДАНИЯ И УПРАЖНЕНИЯ

1. 주어진 동사들의 올바른 명령형 형태를 적어 빈칸을 채워보세요.

читáть	читáй	читáйте
		дéлайте
	рисýй	
учи́ть		
		переводи́те
	изучáй	
		вы́учите

2. 오른쪽 구문을 활용해 문장을 완성해보세요.

1) Студéнты, ______________________!
2) Натáша, ______________________!
3) Сáша и Кири́лл, ______________________!
4) Ивáн Петрóвич, ______________________!
5) Друзья́, ______________________!
6) Вéра, ______________________!

писáть текст
купи́ть сок
учи́ть слова
смотрéть сюдá
звони́ть чáсто
повторя́ть задáние

3. 보기와 같이 대화문을 완성해보세요.

〈보기〉

- Дáйте, пожáлуйста, тетрáдь!
- Вот онá.
- Спаси́бо.

1)

– ______________________________ .

– ______________________________ .

2)

– ______________________________ .

– ______________________________ .

3)

– ______________________________ .

– ______________________________ .

4)

– ______________________________ .

– ______________________________ .

5)

– ______________________________ .

– ______________________________ .

6)

– ______________________________ .

– ______________________________ .

словáрь, рýчка, карандáш кнúга, журнáл, газéта

Урок 12

Они́ друзья́.

그들은 친구들입니다.

명사와 형용사 복수형

Они́ друзья́.	그들은 친구들입니다.
Ря́дом дли́нные шкафы́.	옆에 긴 책장도 있습니다.
Вот их но́вые кни́ги и тетра́ди.	여기에 그들의 새로운 책과 공책들이 있습니다.

ПОЧИТАЕМ

Кири́лл и Ники́та - друзья́.
Это их све́тлая и удо́бная ко́мната.
Здесь их больши́е столы́ и сту́лья.
Ря́дом дли́нные шкафы́.
Вот их но́вые кни́ги, тетра́ди и ру́чки.
Там их интере́сные журна́лы и то́лстые словари́.
Здесь они́ занима́ются и отдыха́ют.

끼릴과 니끼따는 친구입니다.
이것은 그들의 밝고 편리한 방입니다.
여기에는 그들의 큰 책상과 의자들이 있습니다.
옆에 긴 책장들도 있습니다.
이것은 그들의 새로운 책들, 공책들과 펜들입니다.
저기에는 그들의 재미있는 잡지와 두꺼운 사전들이 있습니다.
여기서 그들은 공부하고 휴식도 합니다.

СЛОВАРЬ

друзья́(друг)	친구들	тетра́ди(тетра́дь)	공책
больши́е(большо́й)	큰	ру́чки(ру́чка)	펜
столы́(стол)	책상	интере́сные(интере́сный)	재미있는
сту́лья(сту́л)	의자	журна́лы(журна́л)	잡지
ря́дом	옆에, 나란히	то́лстые(то́лстый)	두꺼운
дли́нные(дли́нный)	긴	словари́(слова́рь)	사전
шкафы́(шкаф)	책장	занима́ться	공부하다
но́вые(но́вый)	새로운	отдыха́ть	휴식하다
кни́ги(кни́га)	책	их	그들의

ПОГОВОРИМ

1. Кто Ники́та и Кири́лл?	니끼따와 끼릴은 누구입니까?
2. Это их ко́мната?	이것은 그들의 방입니까?
3. Что там есть?	그곳에는 무엇이 있습니까?
4. Где они́?	그들은 어디에 있습니까?
5. Что они́ там де́лают?	그들은 거기서 무엇을 합니까?

ДИАЛОГ

①

- Что э́то?
- Это но́вые кни́ги, уче́бники и словари́.
- Чьи э́то кни́ги?
- Это мои́ кни́ги.

- 이것은 무엇이니?
- 이것은 새로운 책, 교과서와 사전들이야.
- 이것은 누구의 책들이니?
- 이것은 나의 책들이야.

②

- Кто э́ти лю́ди?
- Это врачи́, бизнесме́ны, учителя́, профессора́. Здесь собра́ние.
- А кто они́?
- Это студе́нты и шко́льники.

- 이 사람들은 누구니?
- 이 사람들은 의사, 사업가, 교사, 교수들이야. 여기 모임이 있어.
- 그러면 이 사람들은 누구니?
- 이 사람들은 대학생들과 학생들이야.

ГРАММАТИКА

1. 명사의 복수

러시아어의 모든 명사는 남성, 여성, 중성의 성(性)으로 나뉘며, 단수와 복수 형태를 가진다.

※ 복수 어미

남성명사	여성명사	중성명사
–자음 → –ы –й → –и –ь → –и	–а → –ы –я → –и –ь → –и	–о → –а –е → –я

1) 자음으로 끝나는 남성명사와 -а로 끝나는 여성명사는 일반적으로 복수 어미 -ы를 가진다.

남성명사		여성명사	
студéнт	студéнты	газéта	газéты
журнáл	журнáлы	сестрá	сёстры
стол	столы́	маши́на	маши́ны

2) 그 외 명사의 복수 형태

남성명사		여성명사		중성명사	
музéй	музéи	семья́	сéмьи	слóво	словá
словáрь	словари́	тетрáдь	тетрáди	пóле	поля́

3) 명사 복수 형태의 예외

① 남성명사가 어미 ж, ч, ш, щ, г, к, х로 끝나는 경우 복수에서 어미 -и가 온다.

врач това́рищ	врачи́ това́рищи	каранда́ш эта́ж	карандаши́ этажи́

② 여성명사가 어미 ж, ч, ш, щ, г, к, х로 끝나는 경우 복수에서 어미 -и가 온다.

кни́га ро́ща	кни́ги ро́щи	ру́чка да́ча	ру́чки да́чи

③ 자음으로 끝나는 남성명사의 복수형이 불규칙적인 경우도 많다.

го́род дом	города́ дома́	брат стул	бра́тья сту́лья

④ 명사의 단수와 복수 형태가 완전히 다른 경우도 있다.

ребёнок	де́ти	челове́к	лю́ди

⑤ 명사의 복사형태만 있는 명사도 있다.

роди́тели очки́ джи́нсы	부모님 안경 청바지	часы́ де́ньги брю́ки	시계 돈 바지

2. 형용사의 복수

명사를 꾸며주는 형용사는 명사의 수와 일치하여 사용된다.

※ 복수 어미

남성형용사	여성형용사	중성형용사
–ый → –ые –ий → –ие	–ая → –ые –яя → –ие	–ое → –ые –ее → –ие

성 / 수	он	она	оно
단수	но́вый студе́нт	краси́вая студе́нтка	краси́вое мо́ре
복수	но́вые студе́нты	краси́вые студе́нтки	краси́вые моря́
단수	хоро́ший магази́н	си́няя ю́бка	дома́шнее зада́ние
복수	хоро́шие магази́ны	си́ние ю́бки	дома́шние зада́ния

ЗАДАНИЯ И УПРАЖНЕНИЯ

1. 아래 주어진 단어들의 올바른 형태를 넣어 빈 칸을 채우세요.

단수	복수
1) врач	врачи́
2) ребёнок	
3) журна́л	
4) стол	
5) кни́га	

6)	лю́ди
7) брат	
8)	очки́
9) го́род	
10)	часы́

2. 보기와 같이 다음 표현들을 고쳐보세요.

〈보기〉

си́няя ру́чка → си́ние ру́чки

1) краси́вая студе́нтка

2) у́мный челове́к

3) большо́й го́род

4) ста́рая газе́та

5) высо́кий дом

6) кра́сный каранда́ш

3. 다음 주어진 단어들을 활용하여 대화문을 완성해보세요.

〈참고단어〉

роди́тели и ма́ленькие де́ти	краси́вая де́вушка
ста́рый стол	моско́вский университе́т
хоро́ший врач	больша́я ка́рта

1)

- Что э́то?

- ______________________.

2)

- Кто э́то?

- ______________________.

3)

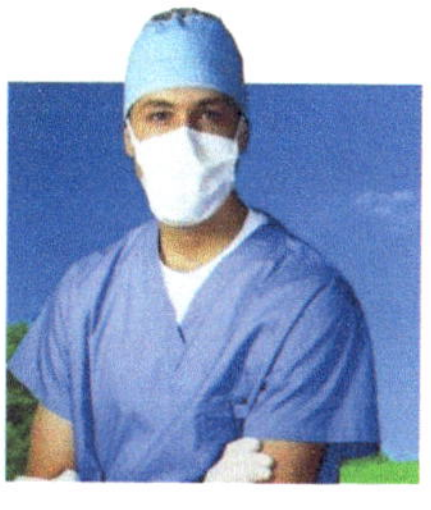

- Кто э́то?

- ______________________.

4)

- Что э́то?

- ______________________.

5)

- Что э́то?

- ________________________________.

6)

- Кто э́то?

- ________________________________.

Урок 13

Онá рабóтает в шкóле.
그녀는 학교에서 일합니다.

장소의 표현(1)

Онá рабóтает в шкóле.	그녀는 학교에서 일합니다.
Брат ýчится в университéте.	형은 대학을 다닙니다.
Онá ýчится в шкóле.	그녀는 고등학교에 다닙니다.

ПОЧИТАЕМ

Смирно́в Артём Никола́евич - бизнесме́н.
Он рабо́тает в фи́рме.
Его жена́ Мари́на - учи́тельница.
Она́ рабо́тает в шко́ле.
Поли́на и Рома́н - их де́ти.
Сын Рома́н изуча́ет англи́йский язы́к в университе́те.
Дочь Поли́на - ещё шко́льница.
Она́ у́чится в шко́ле.

스미르노프 아르쫌 니꼴라예비치는 사업가입니다.
그는 회사에서 일합니다.
그의 아내 마리나는 교사입니다.
그녀는 학교에서 일합니다.
뽈리나와 로만은 그들의 자녀들입니다.
아들 로만은 대학에서 영어를 배웁니다.
딸 뽈리나는 아직 고등학생입니다.
그녀는 고등학교를 다닙니다.

СЛОВАРЬ

бизнесме́н	사업가
фи́рма	회사
жена́	아내
учи́тельница	교사(여)
де́ти	아이들
сын	아들
дочь	딸

ПОГОВОРИМ

1. Кто Артём Никола́евич?	스미르노프 아르쫌의 직업은 무엇입니까?
2. Где он рабо́тает?	그는 어디에서 일합니까?
3. Где рабо́тает Мари́на?	마리나는 어디에서 일합니까?
4. Где у́чится его́ сын?	그의 아들은 어디를 다닙니까?
5. Где у́чится его́ дочь?	그의 딸은 어디를 다닙니까?

ДИАЛОГ

①	②
- Где ма́ма? - Она́ в магази́не. - А где па́па? - Он в офисе.	- Где вы живёте? - Я живу́ в Росси́и, в Москве́. А вы? - Я живу́ в Коре́е, в Сеу́ле.
- 엄마는 어디 계시니? - 엄마는 가게에 계셔. - 그럼, 아빠는 어디 계시니? - 아빠는 회사에 계셔.	- 당신은 어디에 사십니까? - 저는 러시아에 있는 모스크바에 살고 있습니다. 그러면 당신은요? - 저는 한국에 있는 서울에 살고 있습니다.

ГРАММАТИКА

장소의 표현(1) - 전치사 в와 명사의 전치격

1) 러시아어에서 '~에서'라는 장소를 표현할 때 '전치사 в + 명사의 전치격(6격)'을 사용하여 '존재, 동작의 장소'를 나타낸다. 이때 대부분의 명사의 전치격은 어미 -е를 가진다.

парк(공원)	→	в па́рке(공원에서)
ко́мната(방)	→	в ко́мнате(방에서)
шко́ла(학교)	→	в шко́ле(학교에서)

※ 명사의 전치격으로 어미 -е를 가지지 않는 명사들도 있다.

Росси́я → в Росси́и
санато́рий → в санато́рии
зда́ние → в зда́нии

2) 고유명사도 격변화를 한다.

Москва́(모스크바)	→	в Москве́(모스크바에서)
Сеу́л(서울)	→	в Сеу́ле(서울에서)
Коре́я(한국)	→	в Коре́е(한국에서)

3) 일부 명사는 전치격으로 어미 -у를 가지는 경우도 있다

лес → в лесу́(숲에서)

сад → в саду́(정원에서)

шкаф → в шкафу́(책장에서)

аэропо́рт → в аэропорту́(공항에서)

ЗАДАНИЯ И УПРАЖНЕНИЯ

1. 괄호 속 단어를 활용하여 문장을 완성해보세요.

1) Ната́ша живёт ______________(Санкт-Петербу́рг).

2) Кремль нахо́дится ______________(Москва́).

3) Он рабо́тает ______________ (фи́рма).

4) Она́ сейча́с ______________ (аудито́рия).

5) Мла́дший брат у́чится ______________ (шко́ла).

6) Све́та отдыха́ет ______________ (парк).

2. 오른쪽 단어들을 활용해서 다음 질문에 답해보세요.

1) Где вы живёте?	Росси́я, Коре́я, Москва́, Сеу́л
2) Где он у́чится?	шко́ла, университе́т, институ́т
3) Где вы рабо́таете?	банк, больни́ца, теа́тр, поликли́ника
4) Где она́?	магази́н, дере́вня, го́род
5) Где он?	аэропо́рт, лес, сад
6) Где это нахо́дится?	Пеки́н, Дэ́гу, Пари́ж, Рим

3. 그림을 보고 보기와 같이 대화문을 만들어보세요.

〈보기〉

- Где она́?
- Она́ во Фра́нции.

1)

– ____________________ ?

– ____________________ .

2)

– ____________________ ?

– ____________________ .

3)

– ____________________ ?

– ____________________ .

4)

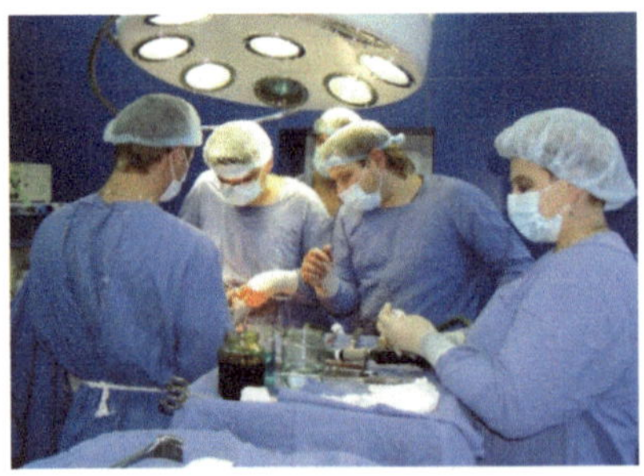

– ____________________ ?

– ____________________ .

Урок 14

Сейча́с он на стадио́не.
지금 그는 경기장에 있습니다.

장소의 표현(2)

Он занима́ется на стадио́не.	그는 경기장에서 운동을 합니다.
Оле́г рабо́тает на по́чте.	올레그는 우체국에서 일합니다.
Он живёт на у́лице Во́лгина.	그는 볼기나 거리에 삽니다.

ПОЧИТАЕМ

Мой друг Оле́г - студе́нт.
Он у́чится в МГУ.
Утром он обы́чно на заня́тии.
Днём Оле́г занима́ется на стадио́не.
Ве́чером Оле́г рабо́тает на по́чте.
Ка́ждый день он о́чень за́нят.
Он живёт на у́лице Во́лгина.

나의 친구 올레그는 대학생입니다.
그는 엠게우에 다닙니다.
아침에 그는 보통 수업이 있습니다.
낮에 올레그는 경기장에서 운동을 합니다.
저녁에 올레그는 우체국에서 일합니다.
매일 그는 매우 바쁩니다.
그는 볼기나 거리에 삽니다.

СЛОВАРЬ

учи́ться	공부하다, 배우다
обы́чно	보통
заня́тие	수업, 일
занима́ться	종사하다
стадио́н	경기장
по́чта	우체국
ка́ждый день	매일
за́нят(занята́, за́няты)	바쁘다
жить	살다
у́лица	거리

ПОГОВОРИМ

1. Кто Оле́г? 올레그는 무슨 일을 합니까?
2. Где он у́тром? 그는 아침에 어디에 있습니까?
3. Где он днём? 그는 낮에 어디에 있습니까?
4. Где он ве́чером? 그는 저녁에 어디에 있습니까?
5. Где он живёт? 그는 어디에 삽니까?

ДИАЛОГ

①	②
- Где ва́ша подру́га? - Она́ отдыха́ет на мо́ре. - Где она́ живёт? - Мари́на живёт на о́строве. - 너의 여자 친구는 어디에 있니? - 그녀는 바닷가에서 쉬고 있어. - 그녀는 어디에 사니? - 마리나는 섬에 살고 있어.	- Где кни́га? - Она́ лежи́т в су́мке. - Где су́мка? - Она́ стои́т на столе́. - 책은 어디에 있니? - 책은 가방 속에 있어. - 가방은 어디에 있니? - 가방은 책상 위에 있어.

ГРАММАТИКА

장소의 표현(2) - 전치사 на와 명사의 전치격

1) 러시아어에서 '~에서'라는 장소를 표현할 때 '전치사 на + 명사의 전치격(6격)'을 사용하여

'존재, 동작의 장소'를 나타낸다. 이때 '전치사 в + 명사의 전치격(6격)'은 '~안(내부)에'의 의미로, '전치사 на + 명사의 전치격(6격)'는 '~위(표면)에' 등의 의미로 구분되기도 한다.

на столе́	в столе́
책상 위에	책상 안에

2) 일부 명사와 지명은 반드시 '전치사 на'와 결합하는 경우가 있다.

① 방향을 나타내는 명사

восто́к(동)	→	на восто́ке(동쪽에)
за́пад(서)	→	на за́паде(서쪽에)
юг(남)	→	на ю́ге(남쪽에)
се́вер(북)	→	на се́вере(북쪽에)

② 다른 명사들

на у́лице	거리에서	на уро́ке	수업중에
на проспе́кте	대로에서	на заня́тии	수업중에
на пло́щади	광장에서	на ку́рсе	과정(학년)에서
на этаже́	층에서	на факульте́те	학부에서
на рабо́те	직장에서	на стадио́не	경기장에서
на заво́де	공장에서	на конце́рте	음악회에서
на по́чте	우체국에서	на вы́ставке	전시회에서
на ры́нке	시장에서	на экску́рсии	견학에서
на вокза́ле	기차역에서	на ста́нции	지하철역에서

3) 일부 명사는 전치격으로 어미 -у를 가지는 경우도 있다.

мост → на мосту́(다리에서)

пол → на полу́(마루에서)

берег → на берегу́(해안가에서)

ЗАДАНИЯ И УПРАЖНЕНИЯ

1. 괄호 속 단어를 활용해서 문장을 완성해보세요.

1) Па́па сейча́с ______________ (рабо́та).

2) Кот спит ______________ (пол).

3) Кни́га лежи́т ______________ (по́лка).

4) Мы ______________ (конце́рт).

5) Да́ша ______________ (заня́тие).

6) По́езд стои́т ______________ (вокза́л).

2. 다음 대화문을 완성해보세요.

1)

- ______________________?

- На заво́де.

2)

- Где вы живёте?

- ______________________ .

3)

- Где у́чится ваш брат?

- ________________________ .

4)

- ________________________?

- Она́ нахо́дится в Москве́.

3. 그림을 보면서 아래 보기와 같이 대화문을 만들어보세요.

〈보기〉

- Скажи́(те), пожа́луйста, где тетра́дь?
- На столе́.

Урок 15

Куда́ вы идёте?
당신은 어디를 가십니까?

운동동사(1)

Ка́ждый день я хожу́ в университе́т.	매일 나는 학교에 다닙니다.
Мы идём в библиоте́ку.	우리는 도서관에 갑니다.
Ве́чером мы обы́чно хо́дим на стадио́н.	저녁에 우리는 보통 경기장에 다닙니다.

ПОЧИТАЕМ

Ка́ждый день я хожу́ в университе́т.
Сего́дня я то́же иду́ туда́.
Снача́ла я иду́ в кафе́.
Там мой друг Артём. Мы пьём ко́фе.
Днём мы идём в библиоте́ку, пото́м идём на заня́тие.
Ве́чером мы обы́чно хо́дим на стадио́н.

매일 나는 학교에 다닙니다.
오늘도 역시 나는 거기로 갑니다.
먼저 나는 카페에 갑니다.
거기에 나의 친구 아르쫌이 있습니다. 우리는 커피를 마십니다.
낮에 우리는 도서관에 가고, 그 뒤에 수업을 들으러 갑니다.
저녁에 우리는 보통 경기장에 갑니다.

СЛОВАРЬ

ка́ждый день	매일
идти́	(걸어서)가다
ходи́ть	(걸어서)가다
то́же	역시
туда́	거기에
снача́ла	처음에, 먼저
кафе́	카페
пить	마시다
ко́фе	커피
пото́м	그 뒤에

ПОГОВОРИМ

1. Куда́ он хо́дит ка́ждый день? 그는 매일 어디를 다닙니까?
2. Куда́ он идёт сего́дня? 그는 오늘 어디를 갑니까?
3. Что он де́лает снача́ла? 그는 먼저 무엇을 합니까?
4. Куда́ Артём и он иду́т пото́м? 그 뒤 아르쫌과 그는 어디로 갑니까?
5. Что они́ де́лают ве́чером? 그들은 저녁에 무엇을 합니까?

ДИАЛОГ

①	②
- Куда́ ты идёшь? - Я иду́ в столо́вую. - Ты ча́сто хо́дишь туда́? - Да, я хожу́ туда ка́ждый день. - 너는 어디 가는 길이니? - 나는 식당에 가는 길이야. - 너는 거길 자주 걸어서 다니니? - 응, 나는 매일 걸어서 다녀.	- Куда́ вы идёте? - Мы идём на вы́ставку в музе́й. - Куда́ вы идёте за́втра? - За́втра мы идём на конце́рт в теа́тр. - 너희들 어디를 가니? - 우리는 박물관에 있는 전람회에 가. - 너희들 내일은 어디 갈거니? - 내일 우리는 극장 음악회에 갈거야.

ГРАММАТИКА

1. 운동 동사 〈идти́ - ходи́ть〉

1) '어떤 장소를 향하여 가다, 오다'를 의미하는 동사를 운동동사라고 한다. 운동 동사 **идти́ - ходи́ть**는 '(걸어서) 가다, 오다'를 의미하는 동사로 **идти́**는 '일정한 방향을 향하여 진행중인 단일 과정'을 의미하므로 정태동사, **ходи́ть**는 '왕복이나 복수 과정'을 의미하므로 부정태 동사라고 부른다.

동사원형 / 인칭	идти́	ходи́ть
я	иду́	хожу́
ты	идёшь	хо́дишь
он/она́	идёт	хо́дит
мы	идём	хо́дим
вы	идёте	хо́дите
они́	иду́т	хо́дят
명령형	Иди́(те)!	Не ходи́(те)!

2) 운동 동사들이 행하는 운동 목표에 해당하는 '~로, ~을 향하여'는 전치사 '**в/на** + 대격'으로 나타낸다.

идти́ ходи́ть	куда́?	в университе́т	대학교로	가다 다니다
		в шко́лу	학교로	
		в общежи́тие	기숙사로	
		на рабо́ту	직장으로	
		на по́чту	우체국으로	
		на ры́нок	시장으로	

2. 운동의 단일과 복수 과정

단일 과정

Сейча́с я **иду́** в университе́т. — 지금 나는 학교로 (걸어서)간다.

Сего́дня мы **идём** в парк. — 오늘 우리는 공원에 (걸어서)간다.

단일과정을 의미하는 단어와 결합: сейча́с, сего́дня, в 2 часа́

Я —куда?→ в банк.
иду́

복수 과정

Ка́ждый день я **хожу́** в университе́т. — 매일 나는 학교에 (걸어서)다닌다.

Они́ всегда́ **хо́дят** в парк. — 그들은 항상 공원에 (걸어서)다닌다.

복수과정을 의미하는 단어와 결합: ка́ждый день, всегда́, ча́сто, иногда́, ре́дко

Я ⇄ куда? в банк.
хожу́

ВЫРАЖЕНИЯ

Идём в кино́!
Пойдём в кино́!
극장에 가자!

Идёмте в кино́!
Пойдёмте в кино́!
극장에 갑시다!

ЗАДАНИЯ И УПРАЖНЕНИЯ

1. 주어진 동사를 활용하여 문장을 완성해보세요.

а) <идти́>

1) Студе́нты ______________ в университе́т.

2) Утром я ______________ в магази́н.

3) Куда́ вы ______________?

4) За́втра мы ______________ в парк.

5) Никола́й Ива́нович, ______________ сюда́!

6) Ты ______________ на стадио́н?

7) Сейча́с Ди́ма ______________ на по́чту.

б) <ходи́ть>

1) Ка́ждый день Бори́с ______________ в институ́т.

2) Мы всегда́ ______________ на рабо́ту ра́но у́тром.

3) Я ча́сто ______________ туда́.

4) Куда́ вы ______________ ка́ждый ве́чер?

5) Де́ти иногда́ ______________ в э́тот парк.

6) Ты всегда́ ______________ пешко́м в шко́лу?

7) Ира, никогда́ не ______________ туда́ одна́!

2. 운동동사 〈идти́-ходи́ть〉를 활용하여 문장을 완성해보세요.

1) Ка́ждый день я _______________ в университе́т.
2) Сего́дня Ви́ктор _______________ в библиоте́ку.
3) В 3 часа́ мы _______________ в кафе́.
4) Иногда́ они́ _______________ на стадио́н.
5) Све́та всегда́ _______________ пешко́м.
6) Сейча́с ты _______________ домо́й?
7) Куда́ вы обы́чно _______________?

3. 운동동사 〈идти́-ходи́ть〉를 활용하여 대화문을 완성해보세요.

1)	2)
- Куда́ вы сейча́с __________?	- Куда́ ты сейча́с __________?
- Я __________ в парк.	- Я __________ в магази́н.
- Вы ча́сто __________ в парк?	- Я то́же __________ в магази́н.
- Мы всегда́ __________ туда́.	- Пойдём вме́сте.
3)	**4)**
- Куда́ ты ___________________?	- ___________________________?
- ___________________________.	- В кино́.
- Ты ча́сто __________ туда́?	- ___________________________?
- ___________________________.	- Да.

Урок 16

Ка́ждое ле́то мы е́здим на мо́ре.

여름마다 우리는 바다에 갑니다.

운동동사(2)

Куда́ он е́дет?	그는 어디를 갑니까?
Мы е́дем на маши́не.	우리는 차를 타고 갑니다.
Ка́ждое ле́то мы е́здим на мо́ре.	여름마다 우리는 바다에 갑니다.

ПОЧИТАЕМ

Ле́том на́ша семья́ е́дет на мо́ре.
Там о́чень краси́во.
Снача́ла мы е́дем на по́езде.
Пото́м мы е́дем на маши́не.
Ка́ждое ле́то мы е́здим на мо́ре.
Там мы отдыха́ем.

여름에 우리 가족은 바다에 갑니다.
거기는 매우 아름답습니다.
먼저 우리는 기차를 타고 갑니다.
그 뒤 우리는 차를 타고 갑니다.
여름마다 우리는 바다에 갑니다.
거기에서 우리는 휴식을 취합니다.

СЛОВАРЬ

мо́ре	바다
е́хать	(타고)가다
е́здить	(타고)가다
по́езд	기차
маши́на	차
ка́ждое ле́то	여름마다
краси́во	아름답다
отдыха́ть	휴식하다, 쉬다

ПОГОВОРИМ

1. Куда́ е́дет семья́?	가족은 어디를 갑니까?
2. На чём они́ е́дут снача́ла?	먼저 그들은 무엇을 타고 갑니까?
3. На чём они́ е́дут пото́м?	그 뒤에 그들은 무엇을 타고 갑니까?
4. Куда́ они́ е́здят ка́ждое ле́то?	그들은 여름마다 어디를 갑니까?
5. Куда́ вы е́здите ка́ждое ле́то?	여름마다 여러분은 어디를 갑니까?

ДИАЛОГ

①	②
- Куда́ вы е́дете? - Я е́ду в университе́т. - Вы всегда́ е́здите на маши́не? - Нет. Иногда́ е́зжу на метро́. - 당신은 어디를 가십니까? - 저는 학교에 갑니다. - 당신은 항상 차를 타고 다니십니까? - 아닙니다. 가끔은 지하철을 타고 다닙니다.	- Куда́ ты е́дешь ле́том? - Я е́ду в дере́вню. На́ша семья́ всегда́ е́здит туда́ ле́том. - На чём вы е́дете? - На по́езде. - 너는 여름에 어디를 가니? - 나는 시골에 가. 우리 가족은 항상 여름에 거기에 가. - 무엇을 타고 가니? - 기차를 타고 가.

ГРАММАТИКА

1. 운동 동사 〈éхать - éздить〉

1) '어떤 장소를 향하여 가다, 오다'를 의미하는 동사를 운동동사라고 한다. 운동 동사 éхать - éздить는 '(탈 것을 타고) 가다, 오다'를 의미하는 동사로 éхать는 '일정한 방향을 향하여 진행중인 단일 과정'을 의미하므로 정태동사, éздить는 '왕복이나 복수 과정'을 의미하므로 부정태 동사라고 부른다.

인칭 \ 동사원형	éхать	éздить
я	éду	éзжу
ты	éдешь	éздишь
он/онá	éдет	éздит
мы	éдем	éздим
вы	éдете	éздите
онй	éдут	éздят
명령형	Поезжáй(те)!	Не éзди(те)!

2) 운동 동사들이 행하는 운동 목표에 해당하는 '~로, ~을 향하여'는 전치사 'в/на + 대격'으로 나타낸다.

éхать éздить	кудá?	в университéт в Сеýл в шкóлу в Россúю в общежúтие на рабóту на пóчту	대학교로 서울로 학교로 러시아로 기숙사로 직장으로 우체국으로	가다 다니다

2. 교통수단의 표현

운동 동사 éхать - éздить과 함께 쓰이는 교통수단은 전치사 ⟨на + 전치격⟩으로 나타낸다.

éхать éздить	НА чём?	на автóбусе	버스를 타고
		на маши́не	차를 타고
		на пóезде	기차를 타고
		на метрó	지하철을 타고
		на такси́	택시를 타고

3. 운동의 단일과 복수 과정

단일 과정

Сейчáс я **éду** в университéт. 지금 나는 학교로 (타고)간다.

Сегóдня мы **éдем** в парк. 오늘 우리는 공원에 (타고)간다.

단일과정을 의미하는 단어와 결합: сейчáс, сегóдня, в 2 часá

Я —куда́?/éду→ в банк.

복수 과정

Кáждый день я **éзжу** в университéт. 매일 나는 학교에 (타고)다닌다.

Они́ всегдá **éздят** в парк. 그들은 항상 공원에 (타고)다닌다.

복수과정을 의미하는 단어와 결합: кáждый день, всегдá, чáсто, иногдá, редко

Я ⇄куда́?/éзжу в банк.

ВЫРАЖЕНИЯ

Поéдем в парк! 극장에 가자!

Поéдемте в парк! 극장에 갑시다!

ЗАДАНИЯ И УПРАЖНЕНИЯ

1. 주어진 동사들을 활용하여 문장을 완성해보세요.

а) <éхать>

1) Кудá вы _______________?
2) Мы _______________ на вокзáл ýтром.
3) Дéти _______________ на мóре вéчером.
4) Сейчáс я _______________ на пóчту.
5) Ира _______________ в университéт ýтром.
6) Ты _______________ сегóдня в Сóчи?

б) <éздить>

1) Мы чáсто _______________ в университéт.
2) Вы чáсто _______________ на мóре лéтом?
3) Я _______________ в поликлúнику кáждое ýтро.
4) Ты рéдко _______________ в Москвý?
5) Николáй _______________ кáждое ýтро на стадиóн.
6) Студенты кáждое лéто _______________ в лес.

2. 운동동사 〈е́хать-е́здить〉를 활용하여 문장을 완성해보세요.

1) Друзья́ за́втра ______________ на мо́ре.

2) Приве́т, Макс! Куда́ ты ______________?

3) Я ре́дко ______________ на такси́.

4) Обы́чно мы ______________ в музе́й.

5) Вы ча́сто ______________ на метро́?

6) Ка́ждый день Оле́г ______________ на рабо́ту.

7) Куда́ вы сейча́с ______________?

3. 아래 그림을 보고 보기와 같은 질문에 답해보세요.

〈보기〉

Куда́ вы е́дете?

- Я е́ду ________ .

1)	2)	3)

Москва́, Санкт-Петербу́рг, Пари́ж

Урок 17

Я люблю́ чита́ть кни́гу.
나는 책 읽는 것을 좋아합니다.

명사의 대격(1)

Он слу́шает му́зыку.	그는 음악을 듣습니다.
Я лю́блю спорт.	나는 스포츠를 좋아합니다.
Он лю́бит смотре́ть телеви́зор.	그는 텔레비전 보는 것을 좋아합니다.

ПОЧИТАЕМ

Макси́м, Дени́с и Же́ня - мои́ друзья́.
Макси́м лю́бит смотре́ть телеви́зор.
Он всегда́ смо́трит футбо́л.
Дени́с лю́бит чита́ть кни́ги.
Он ча́сто чита́ет истори́ческие рома́ны.
Же́ня лю́бит совре́менную му́зыку. Он слу́шает поп.
А я лю́блю спорт.

막심, 제니스와 줴냐는 나의 친구들입니다.
막심은 텔레비전 보는 것을 좋아합니다.
그는 항상 축구를 봅니다.
제니스는 책 읽는 것을 좋아합니다. 그는 자주 역사소설을 읽습니다.
줴냐는 현대음악을 좋아합니다. 그는 팝을 듣습니다.
하지만 나는 스포츠를 좋아합니다.

СЛОВАРЬ

люби́ть	좋아하다
телеви́зор	텔레비젼
всегда́	항상
футбо́л	축구
истори́ческий	역사적인
рома́н	장편소설
му́зыка	음악
поп	팝
спорт	스포츠

ПОГОВОРИМ

1. Кто они́? — 그들은 누구입니까?
2. Что лю́бит Макси́м? — 막심은 무엇을 좋아합니까?
3. Что лю́бит Дени́с? — 제니스는 무엇을 좋아합니까?
4. Что лю́бит Же́ня? — 쥐냐는 무엇을 좋아합니까?
5. Что лю́бит геро́й? — 주인공은 무엇을 좋아합니까?

ДИАЛОГ

①	②
- Что ты лю́бишь? - Я люблю́ смотре́ть кино́. - Ты лю́бишь слу́шать му́зыку? - Да, я люблю́ рок и кла́ссику.	- Что он изуча́ет? - Он изуча́ет ру́сский язы́к. - Что он де́лает? - Он у́чит но́вые слова́, чита́ет текст и смо́трит но́вости.
- 너는 무엇을 좋아하니? - 나는 영화보는 것을 좋아해. - 너는 음악 듣는 것을 좋아하니? - 응, 나는 록과 클래식을 좋아해.	- 그는 무엇을 배우니? - 그는 러시아어를 배우고 있어. - 그는 무엇을 하고 있니? - 그는 새로운 단어를 외우고, 본문을 읽고 뉴스를 보고 있어.

ГРАММАТИКА

1. 명사의 대격(1) - 불활동체 명사

러시아어 명사는 성, 수, 격을 가진다. 격은 명사의 역할에 따라 6격으로 변하는데, 본 장에서는 목적격 의미를 가지는 대격(4격)에 대해서 알아본다.

1) 대격(4격)은 타동사의 직접 목적어로 잘 나타나며 명사의 성에 따라 형태가 다르게 나타난다.

2) 사물을 나타내는 불활동체 남성명사와 중성명사는 주격과 대격 형태가 동일하다.

3) 여성명사 대격은 어미 -у, -ю를 가진다.

격 / 성·수	주격(1격) (что?)	대격(4격) (что?)
남성	журна́л рома́н слова́рь	журна́л рома́н слова́рь
여성	му́зыка кла́ссика Росси́я тетра́дь	му́зыку кла́ссику Росси́ю тетра́дь
중성	не́бо по́ле зада́ние	не́бо по́ле зада́ние
복수	журна́лы кни́ги	журна́лы кни́ги

2. 형용사의 대격

형용사는 그것이 수식하는 명사의 성, 수, 격에 일치한다. 따라서 형용사는 함께 결합하는 명사의 격을 따라간다. 여성형용사 대격은 어미 -ую를 가진다.

성·수 \ 격	주격(1격)	대격(4격)
남성	но́вый журна́л интере́сный рома́н большо́й слова́рь	но́вый журна́л интере́сный рома́н большо́й слова́рь
여성	но́вая му́зыка интере́сная кни́га больша́я тетра́дь	но́вую му́зыку интере́сную кни́гу большу́ю тетра́дь
중성	но́вое зада́ние большо́е по́ле си́нее не́бо	но́вое зада́ние большо́е по́ле си́нее не́бо
복수	но́вый журна́лы интере́сные кни́ги	но́вый журна́лы интере́сные кни́ги

ЗАДАНИЯ И УПРАЖНЕНИЯ

1. 괄호 속에 있는 명사들을 올바른 형태로 넣어 문장을 완성해보세요.

1) Студе́нты чита́ют ___________ .	рома́н, журна́л, статья́, письмо́, стихи́, газе́ты
2) Мой друг смо́трит ___________ .	конце́рт, фильм, програ́мма, кино́, переда́ча, бале́т
3) Я слу́шаю ___________ .	пе́сня, конце́рт, джаз, о́пера, му́зыка, рэп
4) Мы изуча́ем ___________ .	исто́рия, ша́хматы, матема́тика, исто́рия

2. 괄호 속에 있는 단어들을 활용해서 문장을 완성하세요.

1) Студе́нтка ______________________ (чита́ть, кни́га).

2) Де́ти ______________________ (смотре́ть, телеви́зор).

3) Он ______________________ (слу́шать, му́зыка).

4) Ка́тя ______________________ (изуча́ть, литерату́ра).

5) Он ______________________ (люби́ть, кла́ссика).

6) Мы ______________________ (смотре́ть, сериа́л).

3. 사진을 보고 보기와 같이 대화문을 완성해보세요.

〈보기〉

- Что она́ де́лает?
- Она́ смо́трит телеви́зор.
- Что она́ лю́бит?
- Она́ лю́бит сериа́л.

1)	2)	3)

4)	5)	6)

Урок 18

Ско́лько э́то сто́ит?

이것은 얼마입니까?

수 사

Ско́лько это сто́ит?	이것은 얼마입니까?
Это отде́л "Мя́со и ры́ба".	이것은 "육류와 생선" 코너입니다.
Мари́на покупа́ет мя́со, ры́бу и молоко́.	마리나는 고기와 생선, 우유를 삽니다.

ПОЧИТАЕМ

Сего́дня суббо́та.
Мари́на идёт в магази́н.
Вот суперма́ркет. Это отде́л "Мя́со и ры́ба".
Вот отде́л "Молоко́". Там отде́л "Хлеб".
Мари́на покупа́ет мя́со, ры́бу, я́йца, молоко́, смета́ну, хлеб и шокола́д.

오늘은 토요일입니다.
마리나는 상점으로 가고 있습니다.
여기는 수퍼마켓입니다. 이것은 "육류와 생선" 코너입니다.
여기는 "유제품" 코너입니다. 저기는 "빵" 코너입니다.
마리나는 고기, 생선, 달걀, 우유, 스메따나, 빵과 초콜렛을 삽니다.

СЛОВАРЬ

магази́н	상점, 가게
суперма́ркет	슈퍼마켓
отде́л	코너
мя́со	고기
ры́ба	생선
молоко́	우유
хлеб	빵
покупа́ть	사다
смета́на	스메따나
шокола́д	초콜렛

ПОГОВОРИМ

1. Кто э́то? — 이 사람은 누구입니까?
2. Куда́ она́ идёт? — 그녀는 어디를 갑니까?
3. Каки́е отде́лы есть в магази́не? — 상점에는 어떤 코너들이 있습니까?
4. Что покупа́ет Мари́на? — 마리나는 무엇을 삽니까?
5. Что вы обы́чно покупа́ете? — 여러분은 보통 무엇을 삽니까?

ДИАЛОГ

①	②
- Ско́лько сто́ит э́тот слова́рь? - Он сто́ит 600 рубле́й. - Да́йте его́, пожа́луйста. - Вот. Возьми́те. - 이 사전은 얼마입니까? - 그것은 600루블입니다. - 그것을 주세요. - 여기 있습니다. 가져가세요.	- Ско́лько сто́ят э́ти журна́лы? - Они́ сто́ят 350 рубле́й. - Ско́лько сто́ит э́та кни́га? - 530 рубле́й. - 이 잡지들은 얼마입니까? - 그것은 350루블입니다. - 이 책은 얼마입니까? - 530루블입니다.

ГРАММАТИКА

1. 수사

물건의 개수를 셀 때 쓰이는 수사를 개수사, 순서를 나타내는 것을 순서수사라고 한다. ноль(0), оди́н(1), два(2), три(3) 등과 같이 한 낱말로 쓰는 개수사를 기본 개수사라고 한다. 그리고 два́дцать оди́н(21), два́дцать два(23), два́дцать три(23) 등과 같이 2개 이상의 기본개수사로 표시되는 것을 합성개수사라고 한다.

1	оди́н	11	оди́ннадцать	21	два́дцать оди́н
2	два	12	двена́дцать	22	два́дцать два
3	три	13	трина́дцать	23	два́дцать три
4	четы́ре	14	четы́рнадцать	24	два́дцать четы́ре
5	пять	15	пятна́дцать	25	два́дцать пять
6	шесть	16	шестна́дцать	26	два́дцать шесть
7	семь	17	семна́дцать	27	два́дцать семь
8	во́семь	18	восемна́дцать	28	два́дцать во́семь
9	де́вять	19	девятна́дцать	29	два́дцать де́вять
10	де́сять	20	два́дцать	30	три́дцать

2. 수사 + 명사의 격

개수사와 결합하는 명사는 앞의 개수사가 어떤 숫자냐에 따라 격이 달라진다.

숫자	명사의 격	예
1	단수 주격	оди́н рубль, одна́ во́на, копе́йка
2, 3, 4	단수 생격	два рубля́, две во́ны, копе́йки
5 ~ 20	복수 생격	пять рубле́й, пять вон, копе́ек

※ 1: оди́н(남), одна́(여), одно́(중), одни́(복)

2: два(남), две(여)

3. 러시아 화폐와 가격

러시아에서 가격에 대해서 말할 때도 앞에서 말한바와 같이 격변화가 요구된다.

- Ско́лько сто́ит хлеб? - 빵은 얼마입니까?
- Хлеб сто́ит оди́н рубль. - 빵은 1루블입니다.

копе́йка(꼬베이까)	рубль(루블)
1 (одну́) копе́йку 2 (две) - 4 копе́йки 5 - 20 копе́ек	1 (оди́н) рубль 2 (два) - 4 рубля́ 5 - 20 рубле́й 1000 (одну) ты́сячу рубле́й 5000 пять ты́сяч рубле́й

ЗАДАНИЯ И УПРАЖНЕНИЯ

1. 다음을 러시아어로 읽어보세요.

1) 12 р.	2) 24 $	3) 6 р.	4) 15 $
5) 26 р.	6) 18 р.	7) 33 $	8) 9 р.
9) 19 к.	10) 13 р.	11) 1 р.	12) 35 р.

2. 오른쪽 단어들을 활용해서 문장을 완성해보세요.

1) Он берёт _____________ .	молоко́, ры́ба, мя́со, смета́на
2) Она́ покупа́ет _____________ .	шокола́д, вино́, я́йца, фру́кты
3) Мы берём _____________ .	я́блоки, сок, ку́рица, свини́на
4) Они́ покупа́ют _____________ .	журна́л, газе́та, кни́га, диск
5) Я беру́ _____________ .	карто́фель, котле́та, чай, ко́фе
6) Вы берёте _____________?	йо́гурт, кефи́р, говя́дина, компо́т

3. 사진을 보고 보기와 같이 대화문을 만들어보세요.

〈보기〉

- Ско́лько сто́ит молоко́?
- Оно́ сто́ит 30 рубле́й.

1)

2)

3)

4)

5)

Урок 19

Как вас зову́т?
당신의 이름은 무엇입니까?

명사의 대격(2)

Как вас зову́т?	당신의 이름은 무엇입니까?
Меня́ зову́т Ивано́в Ко́стя.	제 이름은 이바노프 꼬스쨔입니다.
Её зову́т Ни́на.	그녀의 이름은 니나입니다.

ПОЧИТАЕМ

Это я.
Меня́ зову́т Ивано́в Ко́стя.
Я изуча́ю мирову́ю культу́ру в университе́те.
Сейча́с я иду́ в библиоте́ку.
Это моя́ подру́га. Её зову́т Ни́на.
Она́ изуча́ет эконо́мику.
К нам идёт наш друг. Его́ зову́т Ми́ша.
Он изуча́ет англи́йский язы́к.
Мы о́чень дружны́.
Мы ча́сто вме́сте занима́емся в библиоте́ке.

이 사람은 나예요.
나의 이름은 이바노프 꼬스쨔입니다.
나는 대학에서 세계문화를 공부합니다.
지금 나는 도서관으로 가고 있습니다.
이 사람은 나의 여자친구입니다. 그녀의 이름은 니나입니다.
그녀는 경제학을 공부하고 있습니다.
우리에게로 친구가 옵니다. 그의 이름은 미샤입니다.
그는 영어를 배우고 있습니다.
우리는 매우 친합니다.
우리는 자주 함께 도서관에서 공부합니다.

СЛОВАРЬ

звать	부르다
миров́ой	세계의
культ́ура	문화
библиот́ека	도서관
подр́уга	친구(여)
экон́омика	경제학
дружн́ы(др́ужный)	친한
ч́асто	자주
вм́есте	함께

ПОГОВОРИМ

1. Как зов́ут гер́оя?	주인공의 이름은 무엇입니까?
2. Что он изуч́ает?	그는 무엇을 배웁니까?
3. Как зов́ут друз́ей?	친구들의 이름은 무엇입니까?
4. Что он́и изуч́ают?	그들은 무엇을 배웁니까?
5. Где он́и ч́асто заним́аются вм́есте?	그들은 어디에서 자주 함께 공부합니까?

ДИАЛОГ

①	②
- Давáйте познакóмимся! Меня́ зовýт Антóн. - Меня́ зовýт Макси́м. - Очень прия́тно. - Очень рад. - 인사 나눕시다! 제 이름은 안톤입니다. - 제 이름은 막심입니다. - 만나서 반갑습니다. - 매우 반갑습니다.	- Ты знáешь Кáтю? - Да. Мы ýчимся вмéсте. - Ты знáешь Антóна? - Да, я ви́жу егó чáсто в университéте. - 너는 까쨔를 아니? - 응. 우리는 함께 배우고 있어. - 너는 안톤을 아니? - 그래, 나는 그를 학교에서 자주 봐.

ГРАММАТИКА

1. 명사의 대격(2) - 활동체 명사

1) 남성명사의 경우 사람을 나타내는 활동체명사는 생격(2격)과 대격 형태가 동일하다.

2) 여성명사의 경우는 활동체, 불활동체 명사 구분 없이 동일하게 대격 형태가 어미 -у, -ю를 가진다.

격 / 성·수	주격(1격) (кто?)	대격(4격) (кого?)
남성	отéц брат дéдушка пáпа	отцá брáта дéдушку пáпу

여성	ма́ма сестра́ дочь мать	ма́му сестру́ дочь мать
복수	отцы́ братья́ учителя́ ма́мы	отцо́в бра́тьев учителе́й мам

2. 명사와 함께하는 품사

명사와 결합하는 형용사, 소유대명사는 명사와 동일한 격을 가진다.

Это ... (주격)	**Я** зна́ю (кого?)... (대격)
(мой) люби́мый друг (моя́) люби́мая подру́га	(моего́) люби́**мого** дру́**га** (мою́) люби́**мую** подру́**гу**
(мои́) люби́мые друзья́ (мои́) люби́мые подру́ги	(мои́х) люби́**мых** друзе́**й** (мои́х) люби́**мых** подру́**г**

3. 인칭대명사의 대격

кто?	я 나는	ты 너는	он 그는	она́ 그녀는	мы 우리는	вы 당신은	они́ 그들은
кого? (을/를)	меня́	тебя́	его́	её	нас	вас	их

ЗАДАНИЯ И УПРАЖНЕНИЯ

1. 오른쪽 단어들을 올바른 형태로 고쳐 문장을 완성하세요.

1) Я ча́сто ви́жу ______________ .	друг, Све́та, Артём, профе́ссор
2) Она́ зна́ет ______________ .	Са́ша, подру́га, Дени́с, Игорь
3) Мы спра́шиваем ______________.	преподава́тель, учи́тель, ба́бушка, студе́нт
4) ______________ зову́т Анто́н.	дя́дя, оте́ц, брат, де́душка
5) Я ви́жу ______________ .	сын, дя́дя, Мари́на, Ива́н
6) Как зову́т ______________?	музыка́нт, актёр, бизнесме́н, дире́ктор

2. 괄호 속 인칭대명사를 올바른 형태로 고쳐 문장을 완성해보세요.

1) (я) ______________ зову́т Ве́ра.

2) Как ______________ (он) зову́т?

3) Как ______________ (она) зову́т?

4) Ира хорошо́ зна́ет ______________ (вы).

5) Они́ спра́шивают ______________ (мы).

6) Я ча́сто ви́жу ______________ (ты).

3. 다음 대화문을 완성해보세요.

1)

- Здра́вствуйте! Как вас зову́т?
- ____________________ . А вас?
- ____________________ .

2)

- ____________________?
- Да, я хорошо́ зна́ю его́.
  Ты ча́сто его́ ви́дишь?
- ____________________ .

3)

- Это ваш брат? Как его́ зову́т?
- ____________________.
- Это ва́ша сестра́? Как её зову́т?
- ____________________.

4)

- Это твоя́ гру́ппа. Кого́ ты хорошо́ зна́ешь?
- ____________________.
  ____________________?
- Его́ зову́т Ива́н Петро́вич.

Урок 20

Све́та расска́зывает о подру́ге.
스베따는 친구에 대해 이야기합니다.

전치사 о의 용법

Све́та расска́зывает о подру́ге.	스베따는 친구에 대해 이야기합니다.
Они́ говоря́т о Росси́и и о Коре́е.	그들은 러시아와 한국에 대해 말합니다.
Они́ всегда́ ду́мают о семье́.	그들은 항상 가족에 대해 생각합니다.

ПОЧИТАЕМ

Свéта расскáзывает о подрýге.
Её подрýгу зовýт Мúра. Онá кореянка.
Свéта и Мúра мнóго говорят о России и о Корéе, об учёбе, об университéте.
Онú лю́бят говорúть о мýзыке и о кинó.
Онú всегдá дýмают о семьé.

스베따는 친구에 대해 말합니다.
그녀의 친구이름은 미라입니다. 그녀는 한국인입니다.
스베따와 미라는 러시아와 한국, 학업과 대학에 대해 많이 이야기합니다.
그들은 음악과 영화에 대해 말하는 것을 좋아합니다.
그들은 항상 가족에 대해 생각합니다.

СЛОВАРЬ

расскáзывать	말하다, 이야기하다
учёба	학업
любúть	좋아하다
кинó	영화
всегдá	항상
дýмать	생각하다

ПОГОВОРИМ

1. О ком расска́зывает Све́та?	스베따는 누구에 대해 말합니까?
2. О чём они́ говоря́т?	그들은 무엇에 대해 이야기합니까?
3. О чём они́ ду́мают?	그들은 무엇에 대해 생각합니까?
4. Расска́жите о (по)дру́ге.	여러분의 친구에 대해 말해보세요.
5. О чём вы лю́бите говори́ть?	여러분은 무엇에 대해 말하는 것을 좋아합니까?

ДИАЛОГ

①	②
- О чём э́та кни́га? - Она́ о Москве́. - Ты чита́ешь о Росси́и? - Да, я́ мно́го ду́маю о ней.	- О ком ты ду́маешь? - О ма́ме и об отце́. - Где они́? - Сейча́с они́ далеко́. Мои́ роди́тели всегда́ ду́мают обо мне.
- 이것은 무엇에 대한 책이니? - 그것은 모스크바에 대한 거야. - 너는 러시아에 대한 것을 읽니? - 그래, 나는 모스크바에 대해 많이 생각해.	- 너는 누구에 대해 생각하니? - 엄마와 아빠에 대해서. - 그분들은 어디에 계시니? - 지금 그분들은 멀리 계셔. 나의 부모님들은 항상 나에 대해 생각하셔.

ГРАММАТИКА

1. 전치사 o + 전치격

'~에 대하여'에 해당하는 의미로 사용되는 전치사 o는 뒤에 전치격을 수반하며, 일반적으로 ду́мать(생각하다), писа́ть(쓰다), говори́ть(말하다), сказа́ть(말하다) 등의 동사들과 함께 쓰인다. 모음으로 시작하는 명사 앞에서는 보통 об(o)로 쓰인다. 예를 들면, об Оле, об университе́те 등이 있다.

격 / 성·수	주격(1격) (кто? что?)	전치격 (о ком? о чём?)
남성	студе́нт университе́т па́па Кита́й лекто́рий	о студе́нте об университе́те о па́пе о Кита́е о лекто́рии
여성	студе́нтка кварти́ра Коре́я дочь Росси́я	о студе́нтке о кварти́ре о Коре́е о до́чери о Росси́и
중성	мо́ре по́ле зада́ние общежи́тие	о мо́ре о по́ле о зада́нии об общежи́тии
복수	роди́тели университе́ты шко́лы зда́ния	о роди́телях об университе́тах о шко́лах о зда́ниях

2. 명사와 함께하는 품사

명사와 결합하는 형용사, 소유대명사는 명사와 동일한 격을 가진다.

Это ... (주격)	**Я ду́маю (о ком? о чём?)...** (전치격)
мой люби́мый друг	о **моём** люби́**мом** дру́ге
моя́ люби́мая подру́га	о **мо́ей** люби́**мой** подру́ге
мои́ люби́мые друзья́	о **мои́х** люби́**мых** друзья́х
мои́ люби́мые подру́ги	о **мои́х** люби́**мых** подру́гах

3. 인칭대명사의 전치격

кто?	я 나는	ты 너는	он 그는	она́ 그녀는	мы 우리는	вы 당신은	они́ 그들은
о ком? (~에 대해서)	обо мне́	о тебе́	о нём	о ней	о нас	о вас	о них

4. 전치사 'о' 와 자주 쓰이는 동사들

говори́ть	말하다	о ком? о чём?
ду́мать	생각하다	
расска́зывать	이야기하다	
разгова́ривать	대화하다	
мечта́ть	염원하다	
спра́шивать	질문하다	
писа́ть	쓰다	
забыва́ть	잊다	
по́мнить	기억하다	

ЗАДАНИЯ И УПРАЖНЕНИЯ

1. 괄호 속 단어를 올바른 표현으로 고쳐 문장을 완성해보세요.

1) Мы говори́м ________________ (му́зыка).

2) Она́ расска́зывает ________________ (друг).

3) Тури́сты говоря́т ________________ (Москва́).

4) Я мечта́ю ________________ (о́тдых).

5) Све́та ду́мает ________________ (мать и отец).

6) Са́ша всегда́ забыва́ет ________________ (зада́ние).

2. 괄호 속 인칭대명사를 올바른 표현으로 고쳐 문장을 완성해보세요.

1) Мы говори́м________________ (они́).

2) Да́ша мечта́ет ________________ (он).

3) Серге́й ду́мает ________________ (она́).

4) Ты ду́маешь ________________ (я)?

5) Я скажу́ ________________ (ты).

6) Я ду́маю ________________ (вы).

3. 다음 대화문을 완성해보세요.

1)

- ______________________________ ?
- Тури́сты говоря́т об экску́рсии.

2)

- О чём он спра́шивал?
- ______________________________ ?

3)

- ______________________________ ?
- Это фильм о Росси́и.

4)

- О ком вы всегда́ ду́маете?
- ______________________________ ?

5)

- ______________________________ ?
- Он ча́сто ду́мает о до́ме.

6)

- О чём вы мечта́ете?
- ______________________________ ?

Урок 21

У меня́ нет словаря́.
나에게는 사전이 없습니다.

명사의 생격, 소유와 부재의 표현

У тебя́ есть слова́рь?	너는 사전이 있니?
Нет, у меня́ его́ нет.	아니, 나는 그것이 없어.
У меня́ нет словаря́.	나에게는 사전이 없어.

ПОЧИТАЕМ

Сейча́с заня́тие ру́сского языка́.
Мы чита́ем и перево́дим.
Но у меня́ нет словаря́.
- Оля, у тебя́ есть слова́рь?
- Нет, у меня́ его́ нет.
- Чей это слова́рь?
- Это слова́рь Игоря. Мы перево́дим вме́сте.

지금은 러시아어 수업시간입니다.
우리는 읽고 해석을 합니다.
하지만 나에게는 사전이 없습니다.
올라, 너 사전 있니?
- 아니, 나는 사전이 없어.
- 이것은 누구의 사전이니?
- 이것은 이고르 사전이야. 우리 함께 해석하자

СЛОВАРЬ

заня́тие ру́сского языка́	러시아어 수업
переводи́ть	번역하다, 통역하다
нет	아니오, 없다
есть	있다, 이다
вме́сте	함께
слова́рь	사전

ПОГОВОРИМ

1. Где студе́нт?	학생은 어디에 있습니까?
2. Что он де́лает?	그는 무엇을 합니까?
3. Чего́ у него́ нет?	그에게는 무엇이 없습니까?
4. У Оли есть слова́рь?	올랴에게는 사전이 있습니까?
5. Чей э́то слова́рь?	이것은 누구의 사전입니까?

ДИАЛОГ

①

- Сего́дня у вас есть заня́тие ру́сского языка́?
- Нет, у меня́ нет заня́тия ру́сского языка́.
- Чьи э́то уче́бники?
- Это кни́ги Ма́ши и Анто́на.

- 오늘 당신은 러시아어 수업이 있습니까?
- 아니오, 저는 러시아어 수업이 없습니다.
- 이것은 누구의 교과서들입니까?
- 이것은 마샤와 안톤의 책들입니다.

②

- Как вы себя́ чу́вствуете?
- У меня́ есть ка́шель, на́сморк.
- У вас есть температу́ра?
- Нет, у меня́ нет температу́ры.

- 몸 좀 어떠십니까?
- 기침과 코감기가 있습니다.
- 열이 있습니까?
- 아니오, 열은 없습니다.

ГРАММАТИКА

1. 명사의 생격

생격은 주로 어떤 대상의 소유나 소속, 유래, 기원, 부분 등을 나타낼 때 사용된다. 대부분 남성명사와 중성명사는 어미 **-а**, **-я**를 가지며, 여성명사는 어미 **-ы**, **-и**를 가진다.

격 성·수	주격(1격) (кто? что?)	생격(2격) ((у) кого? (у) чего?)
남성	Оле́г па́па журна́л слова́рь лето́рий	Оле́га па́пы журна́ла словаря́ лекто́рия
여성	ма́ма дочь му́зыка тетра́дь аудито́рия	ма́мы до́чери му́зыки тетра́ди аудито́рии
중성	окно́ по́ле вре́мя	окна́ по́ля вре́мени
복수	студе́нты студе́нтки пе́сни о́кна	студе́нтов студе́нток пе́сен о́кон

2. 인칭대명사의 생격

인칭대명사는 생격과 대격의 형태가 동일하다.

кто?	я 나는	ты 너는	он 그는	она́ 그녀는	мы 우리는	вы 당신은	они́ 그들은
кого́? (~의)	меня́	тебя́	его́	её	нас	вас	их

※ 인칭대명사 생격이 전치사 у와 함께 사용될 경우 '모음+모음' 발음을 피하기 위하여 자음 н이 첨가된다.

он → у него́, она́ → у неё, они́ → у ни́х

3. 소유구문(У меня́ есть + 주격)과 부정생격(У меня́ нет + 생격)

소유를 나타내는 구문 '나에게는 ~이 있다'를 표현할 때 러시아어로 'У меня́ есть + 주격'을 사용한다. 이 표현의 반대 의미로 '나에게는 ~이 없다'를 표현할 때는 'У меня́ нет + 생격'을 사용한다. 문장에서 존재하지 않는 대상은 생격으로 쓰인다. 어떤 대상이 존재하는 것을 부정하는 문장에서 쓰이는 생격을 부정 생격이라 한다.

У меня́ У тебя́ У него́ У неё У нас У вас У них	есть + 주격 нет + 생격	나에게는 너에게는 그에게는 그녀에게는 우리에게는 당신에게는 그들에게는	있다 없다

у кого́?		кто? что?	
У Анто́на	есть	дом.	안똔에게는 집이 있다.
У Та́ни		ру́чка.	따냐에게 펜이 있다.
У студе́нтов		вре́мя.	학생들에게는 시간이 있다.

у кого́?		кого́? чего́?	
У Анто́на	нет	до́ма.	안똔에게는 집이 없다.
У Та́ни		ру́чки.	따냐에게 펜이 없다.
У студе́нтов		вре́мени.	학생들에게는 시간이 없다.

4. 명사와 함께 하는 품사

명사와 결합하는 형용사, 소유대명사는 명사와 동일한 격을 가진다.

Это ... (주격)	У меня́ нет (кого́? чего́?)... (생격)
большо́й дом хоро́ший друг но́вая кни́га	большо́го до́ма хоро́шего дру́га но́вой кни́ги
но́вые студе́нты хоро́шие друзья́ но́вые кни́ги	но́вых студе́нтов хоро́ших друзе́й но́вых книг

ЗАДАНИЯ И УПРАЖНЕНИЯ

1. 오른쪽 단어들을 올바른 표현으로 고쳐 문장을 완성해보세요.

1) У него́ нет ____________ .	друг, подру́га, вре́мя, телефо́н
2) Это кни́га ____________ .	Оля, па́па, Анто́н, брат
3) У меня́ нет ____________ .	соба́ка, маши́на, дом, слова́рь

4) Сейча́с уро́к _______________.	литерату́ра, грамма́тика, пе́ние, рисова́ние
5) У вас нет _______________?	ру́чка, каранда́ш, тетра́дь, уче́бник
6) Это су́мка _______________.	Дени́с, Ко́стя, ба́бушка, де́душка

2. 보기와 같이 주어진 문장을 읽고 대답해보세요.

〈보기〉

У вас есть тетра́дь и каранда́ш?
- Нет, у меня́ нет тетра́ди и карандаша́.

1) У Мари́ны есть брат и сестра́?
2) У Анто́на есть тётя и дя́дя?
3) У студе́нта есть уче́бник и тетра́дь?
4) У вас есть вре́мя?
5) У них есть переры́в?
6) У тебя́ есть маши́на?

3. 다음 대화문을 완성해보세요.

1)	2)
- ______________________ ?	- ______________________ ?
- Это ко́мната бра́та.	- У меня́ нет вре́мени.
3)	4)
- ______________________ ?	- Чьи это фотогра́фии?
- Это кни́ги сестры́.	- ______________________ .
5)	6)
- У тебя́ есть телефо́н?	- У кого́ есть ру́чка?
- Нет, ________________ .	- ______________________ .

Урок 22

Я был в теа́тре.
나는 극장에 갔었습니다.

동사 과거형

Я был в теа́тре.	나는 극장에 갔었습니다.
Я ходи́л в Эрмита́ж.	나는 에르미따쉬에 갔다왔습니다.
Я смотре́л ру́сский бале́т.	나는 러시아 발레를 보았습니다.

ПОЧИТАЕМ

Неда́вно я е́здил в Санкт-Петербу́рг.
Там я был в теа́тре.
Я смотре́л ру́сский бале́т.
Пото́м я ходи́л в Эрмита́ж.
Ра́ньше я мно́го чита́л об Эрмита́же.
Пото́м я е́здил в Ру́сский музе́й.

최근에 나는 상트 뻬쩨르부르그를 다녀왔습니다.
거기에서 나는 극장에 갔었습니다.
나는 러시아 발레를 봤습니다.
그 뒤에 나는 에르미따쉬를 갔었습니다.
예전에 나는 에르미따쉬에 대해 많이 읽었습니다.
그 뒤 나는 러시아 박물관에 갔습니다.

СЛОВАРЬ

неда́вно	최근에
бале́т	발레
ра́ньше	예전에
Эрмита́ж	에르미따쉬 박물관
мно́го	많이
Ру́сский музе́й	러시아 박물관

ПОГОВОРИМ

1. Куда он недáвно éздил?	그는 최근에 어디를 다녀왔습니까?
2. Где он был?	그는 어디에 갔었습니까?
3. Что он смотрéл?	그는 무엇을 보았습니까?
4. Куда он ходи́л и éздил?	그는 어디를 갔다왔습니까?
5. О чём он читáл рáньше?	그는 예전에 무엇에 대해 읽었습니까?

ДИАЛОГ

①	②
- Что вы дéлали вчерá? - Вчерá я ходи́л в кинó. - Что вы смотрéли? - Я смотрéл нóвое кинó.	- Кудá вы éздили лéтом? - Лéтом я éздила в Росси́ю. - Где вы бы́ли? - Я была в Москвé, в Санкт-Петербýрге и в Иркýтске.
- 당신은 어제 무엇을 했습니까? - 어제 저는 영화관에 다녀왔습니다. - 당신은 무엇을 봤습니까? - 저는 새 영화를 봤습니다.	- 당신은 여름에 어디를 다녀왔습니까? - 여름에 저는 러시아를 다녀왔습니다. - 당신은 어디를 갔다왔습니까? - 저는 모스크바, 상트 뻬쩨르부르그와 이르쿠츠크에 갔다왔습니다.

ГРАММАТИКА

1. 동사 과거시제형

동사의 과거형은 일반적으로 동사원형에서 -ть를 제거하고 어미 -л(남), -ла(여), -ло(중), -ли(복)를 붙여서 만든다.

동사 과거 시제	
чита́-ть →	он чита+л → чита́л она чита+ла → чита́ла оно чита+ло → чита́ло они чита+ли → чита́ли
учи́-ть-ся →	он учи+л-ся → учи́лся она учи+ла-сь → учи́лась оно учи+ло-сь → учи́лось они учи+ли-сь → учи́лись

동사원형 / 인칭	чита́ть (읽다)	говори́ть (말하다)	учи́ться (공부하다)	быть (이다, 있다)
я, ты, он	чита́л	говори́л	учи́лся	был
я, ты, она́	чита́ла	говори́ла	учи́лась	была́
оно́	чита́ло	говори́ло	учи́лось	бы́ло
мы, вы, они́	чита́ли	говори́ли	учи́лись	были́

2. 동사 быть의 용법

동사 быть는 '있다, 이다'의 의미로 다음과 같은 사항들에서 활용된다.

1) 과거 시간을 표현할 때

Когда?			
вчера		сегодня	
Вчера́ **был** уро́к.	어제는 수업이 있었다.	*Сего́дня* уро́к.	오늘 수업이 있다.
Вчера́ **бы́ло** заня́тие.	어제는 수업이 있었다.	*Сейча́с* заня́тие.	지금 수업중이다.

2) 무인칭문에서 과거 시간을 표현할 때
무인칭문에서 과거 시제를 나타내는 연사로 활용된다. 이 경우에는 항상 중성형이 사용된다.

Вчера́ бы́ло о́чень хо́лодно. 어제는 매우 추웠습니다.

Сего́дня бы́ло тепло́. 오늘은 따뜻했습니다.

3. 부정태 운동동사와 быть 동사의 과거 용법

동사 быть의 과거형은 '있었다'의 의미로 어떠한 장소를 '갔다왔다'의 의미로 해석될 수 있기 때문에, 부정태 동사 ходи́ть, е́здить의 과거 의미와 동일하게 사용할 수 있다. 단 운동동사 ходи́ть, е́здить는 반드시 '전치사 в/на + 대격'을, 동사 быть는 '전치사 в /на + 전치격'을 뒤에 수반해야 한다.

① Вчера́ Анна ходи́ла в университе́т. Вчера́ Анна была́ в университе́те.	어제 안나는 학교에 갔다 왔다.
② Ра́ньше мы е́здили в ци́рк. Ра́ньше мы были́ в ци́рке.	예전에 우리는 서커스에 갔었다.

ЗАДАНИЯ И УПРАЖНЕНИЯ

1. 보기와 같이 각 동사의 올바른 과거형을 적어 넣으세요.

〈보기〉

читáть → читáл

слýшать		смотрéть	
писáть		ходи́ть	
говори́ть		éздить	
учи́ть		дéлать	
жить		переводи́ть	

2. 주어진 단어를 활용해 문장을 완성해보세요.

1) Вчерá мы éздили ______________________ (университéт).

2) Сегóдня дéти бы́ли ______________________ (шкóла).

3) Онá ходи́ла ______________________ (библиотéка).

4) Друзья́ éздили ______________________ (стадиóн).

5) Ты был ______________________ (Росси́я)?

6) Они́ бы́ли ______________________ (пóчта).

3. 주어진 단어를 활용하여 보기와 같이 대화문을 만들어보세요.

〈보기〉

- Где вы бы́ли вчера́?
- Мы бы́ли в кино́.

- Куда́ вы ходи́ли?
- Мы ходи́ли в кино́.

1)

2)

3)

4)

5)

6)

〈참고단어〉

библиоте́ка,	стадио́н,	университе́т,
теа́тр,	вокза́л,	банк

Урок 23

Я хочу́ стать врачо́м.
나는 의사가 되고 싶습니다.

명사의 조격

Я хочу́ стать врачо́м.	나는 의사가 되고 싶습니다.
Па́па рабо́тает врачо́м.	아빠는 의사로 일하십니다.
Я о́чень интересу́юсь медици́ной.	나는 의학이 매우 흥미롭습니다.

ПОЧИТАЕМ

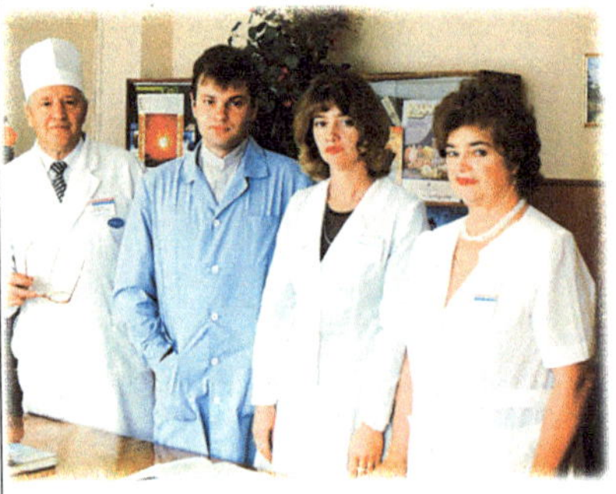

Я хочу́ стать врачо́м.
У меня́ в семье́ все - врачи́.
Па́па рабо́тает врачо́м в больни́це.
Де́душка то́же был врачо́м.
Ба́бушка была́ медсестро́й.
Я о́чень интересу́юсь медици́ной.

나는 의사가 되고 싶습니다.
나의 가족 모두는 의사입니다.
아빠는 병원에서 의사로 일하십니다.
할아버지 역시 의사였습니다.
할머니는 간호사였습니다.
나는 의학이 매우 홍미롭습니다.

СЛОВАРЬ

хоте́ть	원하다
стать	되다
врач	의사
больни́ца	병원
быть	이다, 되다
медсестра́	간호사
интересова́ться	홍미를 가지다
медици́на	의학

ПОГОВОРИМ

1. Кем он хо́чет стать?	그는 무엇이 되고 싶어합니까?
2. Кем рабо́тает его́ оте́ц?	그의 아버지 직업이 무엇입니까?
3. Кем был его де́душка?	그의 할아버지 직업이 무엇입니까?
4. Кем рабо́тала его́ ма́ма?	그의 엄마 직업이 무엇입니까?
5. Чем он интересу́ется?	그는 무엇에 흥미를 가지고 있습니까?

ДИАЛОГ

①

- Чем ты интересу́ешься?
- Я интересу́юсь му́зыкой.
- Кем ты хо́чешь стать?
- Я хочу́ стать певцо́м.

- 너는 무엇에 흥미를 가지고 있니?
- 나는 음악에 관심이 있어.
- 너는 무엇이 되고 싶니?
- 나는 가수가 되고 싶어.

②

- Кем рабо́тает твой брат сейчас?
- Он стал худо́жником.
- Чем он рису́ет?
- Он лю́бит рисова́ть карандашо́м.

- 지금 너의 형은 무슨 일을 하시니?
- 그는 화가가 되었어.
- 형은 무엇으로 그림을 그리니?
- 그는 연필로 그림 그리는 것을 좋아해.

ГРАММАТИКА

1. 명사의 조격

명사의 조격(5격)은 '~와 함께, ~로써, ~로' 등의 의미로 함께 하는 사람, 수단, 자격 등을 나타낸다. 조격 어미로는 단수 남성과 중성명사는 -ом, -ем, 여성명사는 -ой, -ей, 복수 형태는 -ами, -ями 등을 가진다. 이러한 명사와 함께 쓰이는 형용사, 소유 대명사도 아래와 같이 조격 형태들로 변화한다.

격 성·수	주격(1격) (кто? что?)	조격(5격) (кем? чем?)
남성	студе́нт каранда́ш Кита́й па́па	студе́нтом карандашо́м Кита́ем па́пой
여성	студе́нтка ру́чка Росси́я мать	студе́нткой ру́чкой Росси́ей ма́терью
중성	рисова́ние о́бщество	рисова́нием о́бществом
복수	студе́нты каранда́ши ру́чки ма́тери	студе́нтами карандаша́ми ру́чками матеря́ми

2. 인칭대명사의 조격

кто?	я 나는	ты 너는	он 그는	она́ 그녀는	мы 우리는	вы 당신은	они́ 그들은
кем?	мной	тобо́й	им	ей	на́ми	ва́ми	и́ми

3. 명사와 함께 하는 품사

명사와 결합하는 형용사는 명사와 동일한 격을 가진다.

Это ... (주격)	**Он интересу́ется (чем?)...** (조격)
ру́сский язы́к но́вый спорт	ру́сск**им** язык**о́м** но́в**ым** спо́рт**ом**
ру́сская литерату́ра	ру́сск**ой** литерату́р**ой**
иностра́нные язы́ки	иностра́нн**ыми** язык**а́ми**

4. 조격을 요구하는 동사

아래 동사들은 뒤에 명사 조격을 수반한다.

1) 동사 **быть**(~되다), **стать**(~되다), **рабо́тать**(~일하다, 되다)

быть стать рабо́тать	кем?	студе́нтк**ой** студе́нт**ом** учи́тельниц**ей** учи́тел**ем**	여대생이 되다 대학생이 되다 여교사가 되다 교사가 되다

2) 동사 интересова́ться(관심, 흥미를 가지다), увлека́ться(열중, 몰두하다)

интересова́ться увлека́ться	чем?	спо́ртом	스포츠에 관심을 가지다
		чте́нием	독서에 관심을 가지다
		эконо́микой	경제학에 열중하다
		исто́рией	역사에 열중하다

3) 일반 동사들

писа́ть	**чем?**	карандашо́м	연필로 쓰다.
рисова́ть		ру́чкой	펜으로 그리다
ду́мать		голово́й	머리로 생각하다
рабо́тать		рука́ми	손으로 일하다

5. 동사 хоте́ть

동사 хоте́ть는 '원하다'를 의미하는 동사로 뒤에 목적어로 명사의 대격이 올 수도 있고, 동사원형이 올 수도 있다.

хоте́ть		+ 대상			
я	хочу́	ко́фе	나는	커피를	원한다.
ты	хо́чешь	чай	너는	차를	
он/она́	хо́чет	кни́гу	그는/그녀는	책을	
мы	хоти́м	стать врачо́м	우리는	의사가 되기를	
вы	хоти́те	чита́ть кни́гу	당신은	책 읽기를	
они́	хотя́т	пить ко́фе	그들은	커피 마시기를	

ЗАДАНИЯ И УПРАЖНЕНИЯ

1. 주어진 단어를 활용해서 문장을 완성해보세요.

1) Он был ________________ (студе́нт).

2) Па́па рабо́тает ________________ (дире́ктор).

3) Сестра́ ста́ла ________________ (учи́тельница).

4) Мой друг интересу́ется ________________ (футбо́л).

5) Де́ти интересу́ются ________________ (рисова́ние).

6) Она́ пи́шет ________________ (ру́чка).

2. 오른쪽 단어들을 활용해서 올바른 문장을 완성해보세요.

1) Мой друг рабо́тал ____________________.	юри́ст, экономи́ст, учи́тель, врач, перево́дчик
2) Она была́ ____________________.	учи́тельница, перево́дчица, дире́ктор, по́вар, домохозя́йка
3) Он ста́нет ____________________.	космона́вт, президе́нт, бизнесме́н, отец, музыка́нт
4) Я бу́ду ____________________.	преподава́тель, диза́йнер, моде́ль, инжене́р, профе́ссор

3. 다음 대화문을 완성해보세요.

1)	2)
- ____________________ ?	- Кем рабо́тает твой брат?
- Я увлека́юсь литературой.	- ____________________ .
3)	4)
- Чем он рису́ет?	- ____________________ ?
- ____________________ .	- Она была́ преподава́телем.
5)	6)
- Чем вы интересу́етесь?	- Кем вы хоти́те стать?
- ____________________ .	-____________________ .

Урок 24

Мы с дру́гом у́чимся в университе́те.
나와 친구는 대학에 다닙니다.

전치사 с의 용법

Мы с дру́гом у́чимся в университе́те.	나와 친구는 대학에 다닙니다.
Мы с Никола́ем хо́дим в библиоте́ку.	니꼴라이와 나는 도서관에 다닙니다.
Ве́чером мы с ним игра́ем в футбо́л.	저녁에 그와 나는 축구를 합니다.

ПОЧИТАЕМ

Мы с дру́гом у́чимся в университе́те.
Мы интересу́емся спо́ртом и ру́сским языко́м.
Днём мы с Никола́ем хо́дим в библиоте́ку.
Там мы занима́емся грамма́тикой.
Никола́й хо́чет стать перево́дчиком.
Ве́чером мы с ним игра́ем в футбо́л.

나와 친구는 대학을 다니고 있습니다.
우리는 스포츠와 러시아어에 관심을 가지고 있습니다.
낮에 니꼴라이와 나는 도서관을 다닙니다.
거기서 우리는 문법을 공부합니다.
니꼴라이는 통역가가 되고 싶어합니다.
저녁에 우리는 축구를 합니다.

СЛОВАРЬ

учи́ться	배우다, (학교를)다니다
грамма́тика	문법
перево́дчик	통역가, 번역가
игра́ть(во что?)	(운동을) 하다
футбо́л	축구

ПОГОВОРИМ

1. С кем вме́сте он у́чится?	그는 누구와 대학을 다닙니까?
2. Чем интересу́ются студе́нты?	학생들은 무엇에 관심이 있습니까?
3. Чем они занима́ются в библиоте́ке?	그들은 도서관에서 무엇을 공부합니까?
4. С кем он игра́ет в футбо́л ве́чером?	저녁에 그는 누구와 축구를 합니까?
5. Кем хо́чет стать Никола́й?	니꼴라이는 무엇이 되고 싶어합니까?

ДИАЛОГ

①	②
- С кем вы ходи́ли в парк? - Я ходи́л с подру́гой. - С кем вы бы́ли на стадио́не? - Мы ходи́ли туда́ с дру́гом.	- С кем ты игра́л в футбо́л? - Я игра́л с Дени́сом и Са́шей. - С кем ты идёшь в кафе́? - Я иду́ с ни́ми.
- 당신은 누구와 공원을 다닙니까? - 친구와 다닙니다. - 당신은 누구와 경기장에 있었습니까? - 나는 친구와 거기에 다녀왔습니다.	- 너는 누구와 축구를 했니? - 나는 제니스와 사샤와 축구했어. - 누구와 카페에 가니? - 그 애들과 같이 가.

ГРАММАТИКА

1. 전치사 с + 조격의 용법

'전치사 с + 조격'은 '~와 함께'라는 의미로 동반되는 사람, 사물을 나타낼 때 사용된다. 일반적으로 다음과 같은 동사들과 자주 함께 사용된다.

быть	с кем?	**с друго́м**	친구가 되다
идти́/ходи́ть		**с Бори́сом**	보리스와 가다
познако́миться		**с подру́гой**	여자친구와 알게되다
согласи́ться		**с Ирой**	이라와 동의하다
разгова́ривать		**с ней**	그녀와 대화를 나누다
игра́ть		**с ним**	그와 게임을 하다
рабо́тать		**с на́ми**	우리와 일하다

2. 전치사 с + 인칭대명사의 조격

кто?	я 나는	ты 너는	он 그는	она́ 그녀는	мы 우리는	вы 당신은	они́ 그들은
с кем? (~와 함께)	со мно́й	с тобо́й	с ним	с ней	с на́ми	с ва́ми	с ни́ми

ЗАДАНИЯ И УПРАЖНЕНИЯ

1. 오른쪽 단어들을 활용하여 문장을 완성해보세요.

1) Я игра́ю в футбо́л с______________.	Ники́та, Ко́ля, друг студе́нт
2) Мы разгова́риваем с______________.	Ве́ра, Анто́н, подру́га оте́ц
3) Он поздоро́вался с______________.	преподава́тель профе́ссор, ба́бушка
4) Они́ дру́жат с______________.	де́вочка, ма́льчик, Оля, Игорь
5) Она́ была́ в теа́тре с______________.	муж, сын, тётя, Окса́на
6) Мы познако́мились с______________.	тури́ст, Ира, студе́нтка Оле́г

2. 보기와 같이 인칭대명사를 올바른 형태로 고쳐 문장을 완성해보세요.

〈보기〉

Ва́ня ходи́л в кино́ с ... (мы). → Ва́ня ходи́л в кино́ с на́ми.

1) Я разгова́ривала с ______________(он).

2) Ни́на игра́ла с ______________ (я) в те́ннис.

3) Ири́на пошла́ с ______________ (они) в кино́.

4) Па́вел ходи́л с ______________ (вы) на вы́ставку?

5) Мы согла́сны с ______________ (ты).

6) Друзья́ не разгова́ривают с ____________ (я).

3. 다음 대화문을 완성해보세요.

1)	2)
- ______________________?	- С кем вы е́дете в Росси́ю?
- Я ходи́л с дру́гом.	-______________________ .
3)	4)
- ______________________?	- ______________________?
- Му́зыкой.	- Юри́стом.
5)	6)
- ______________________?	- С кем вы дру́жите?
- Карандашо́м.	- ______________________ .

Урок 25

За́втра бу́дет суббо́та.
내일은 토요일입니다.

동사 미래형

За́втра бу́дет суббо́та.	내일은 토요일입니다.
За́втра я бу́ду отдыха́ть.	내일 나는 쉴 것입니다.
Утром в 10 часо́в бу́дет фильм.	아침 10시에 영화를 합니다.

ПОЧИТАЕМ

Сего́дня пя́тница. За́втра бу́дет суббо́та.
За́втра я бу́ду отдыха́ть.
Утром в 10 часо́в бу́дет интере́сный фильм.
Днём в 2 часа́ бу́ду слу́шать му́зыку.
Пото́м бу́ду чита́ть люби́мый рома́н.
Ве́чером в 6 часо́в бу́ду игра́ть в футбо́л с дру́гом.

오늘은 금요일입니다. 내일은 토요일입니다.
내일 나는 쉴 것입니다.
아침 10시에 재미있는 영화가 할 것입니다.
낮 2시에는 음악을 들을 것입니다.
그 뒤에 재미있는 소설을 읽을 것입니다.
저녁 6시에는 친구와 축구를 할 것입니다.

СЛОВАРЬ

пя́тница	금요일
за́втра	내일
суббо́та	토요일
отдыха́ть	쉬다
люби́мый	좋아하는
рома́н	장편소설

ПОГОВОРИМ

1. Како́й день неде́ли сего́дня?	오늘은 무슨 요일입니까?
2. Како́й день неде́ли бу́дет за́втра?	내일은 무슨 요일입니까?
3. Когда́ бу́дет интере́сный фильм?	재미있는 영화는 언제 합니까?
4. Когда́ он бу́дет слу́шать му́зыку?	그는 언제 음악을 들을 것입니까?
5. Когда́ он бу́дет игра́ть в футбо́л?	그는 언제 축구를 할 것입니까?

ДИАЛОГ

①	②
- Скажи́те, пожа́луйста, кото́рый час? - Сейча́с 5 часо́в 30 мину́т. - Спаси́бо. - Пожа́луйста. - 몇 시인지 말씀 좀 해주시겠습니까? - 지금이 5시 30분입니다. - 감사합니다. - 천만에요.	- Како́й сего́дня день неде́ли? - Сего́дня вто́рник. - Когда́ у нас заня́тие ру́сского языка́? - В сре́ду. - 오늘은 무슨 요일이니? - 오늘은 화요일이야. - 언제 러시아어 수업이 있지? - 수요일에.

ГРАММАТИКА

1. быть 동사의 인칭변화와 미래 용법

이 동사의 인칭변화는 Ⅰ식 현재 동사변화형과 비슷하며, 과거의 경우와 마찬가지로 미래 시제로도 '있다, 가고 오다'의 의미로 사용된다.

я	бу́ду	мы	бу́дем
ты	бу́дешь	вы	бу́дете
он, она́, оно́	бу́дет	они́	бу́дут

<table>
<tr><td>Я</td><td>бу́ду</td><td rowspan="6">чита́ть кни́гу.
писа́ть письмо́.
слу́шать ра́дио.</td><td>나는</td><td rowspan="6">책을 읽을 것이다.
편지를 쓸 것이다.
라디오를 들을 것이다.</td></tr>
<tr><td>ты</td><td>бу́дешь</td><td>너는</td></tr>
<tr><td>он/она́</td><td>бу́дет</td><td>그는
그녀는</td></tr>
<tr><td>мы</td><td>бу́дем</td><td>우리는</td></tr>
<tr><td>вы</td><td>бу́дет</td><td>당신은</td></tr>
<tr><td>они́</td><td>бу́дут</td><td>그들은</td></tr>
</table>

※ 과거 - 현재 - 미래

вчера́	сего́дня	за́втра
Я был в университе́те. Я чита́л.	Я в университе́те. Я чита́ю.	Я бу́ду в университе́те. Я бу́ду чита́ть.

2. 시간 표현

2) 시간표현도 시와 분을 나타내는 숫자에 따라 뒤에 오는 시와 분을 의미하는 단어의 격이 달라진다(8과 참조).

- Ско́лько сейча́с вре́мени? (кото́рый час?) 지금 몇 시 입니까?
- 2 (два) часа́ 25 (два́дцать пять) мину́т. 2시 25분입니다.

시		분	
1 (оди́н)	час	1 (одна́)	мину́та
2 (два), 22 3, 23 4, 24	часа́	2 (две), 22 3, 23 4, 24	мипу́ты
5 - 20	часо́в	5 – 20 30, 40, 50	мину́т

3) '~때에 ~한다'를 의미하는 시간 표현을 쓸 때는 'в + 대격'으로 나타낸다.

- Когда́ у вас заня́тие? - В 2(два) часа́ 25(два́дцать пять) мину́т.	- 수업이 언제 있습니까? - 2시 25분에 있습니다.

시		분	
в 1	час (в час)	в 1(одну́)	мину́ту
в 2, 3, 4	часа́	в 2, 3, 4	мину́ты
в 5-20	часо́в	в 5-20	мину́т

3. 요일 표현

요일을 나타내는 때는 'В + 대격' 표현으로 나타낸다.

- Како́й сего́дня день неде́ли? - Сего́дня понеде́льник.	오늘은 무슨 요일입니까? 오늘은 월요일입니다.
- Когда́ вы чита́ли кни́гу? - В понеде́льник.	당신은 언제 책을 읽었습니까? 월요일에요.

요일		**언제**	
понеде́льник	월요일	в понеде́льник	월요일에
вто́рник	화요일	во вто́рник	화요일에
среда́	수요일	в сре́ду	수요일에
четве́рг	목요일	в четве́рг	목요일에
пя́тница	금요일	в пя́тницу	금요일에
суббо́та	토요일	в суббо́ту	토요일에
воскресе́нье	일요일	в воскресе́нье	일요일에

ЗАДАНИЯ И УПРАЖНЕНИЯ

1. 아래 올바른 표현을 넣어 빈칸을 채워보세요.

1) вчера́		за́втра
2)	среда́	

3) пя́тница		воскресе́нье
4)	март	
5) сентя́брь		ноя́брь
6) четве́рг		суббо́та

2. 괄호 속 시간을 활용하여 주어진 질문에 답해보세요.

1) Когда́ начина́ется литерату́ра? (2:30)

2) Когда́ конча́ется ле́кция? (12:00)

3) Когда́ открыва́ется магази́н? (9:00)

4) Когда́ закрыва́ется библиоте́ка? (19:00)

5) Когда́ начина́ется фильм? (15:30)

6) Когда́ конча́ется ле́кция? (8:35)

3. 아래 제시된 문제들을 풀어보세요.

1) 아래 시계가 몇 시를 가리키는지 보고 보기와 같이 대화문을 만들어보세요.

〈보기〉

- Извини́те, пожа́луйста, кото́рый час?
- Сейча́с ____________.
- Когда́ вы идёте в библиоте́ку?
- В _____________.

①

②

③

④

⑤

⑥

2) 아래에 제시된 시간을 러시아어로 말해보세요.

①	12:30	②	2:10	③	1:30	④	4:00
⑤	10:15	⑥	24:00	⑦	7:45	⑧	9:20
⑨	2:35	⑩	17:40	⑪	3:05	⑫	6:55

Урок 26

Мне 20 лет.
나는 20살입니다.

명사의 여격

Ско́лько вам лет?	당신은 몇 살입니까?
Мне 20 лет.	나는 20살입니다.
Друзья́ подари́ли ему́ ди́ски.	친구들은 그에게 디스크를 선물했습니다.

ПОЧИТАЕМ

Моего́ бра́та зову́т Оле́г.

Мне 20 лет, а ему́ 25 лет.

У него́ сего́дня день рожде́ния.

Роди́тели купи́ли ему́ фотоаппара́т.

Его́ друзья́ подари́ли ему́ но́вые ди́ски.

Я написа́л письмо́ брату и подари́л ему́ вме́сте с пода́рком.

Я пригото́вил для него́ туристи́ческую путёвку, потому́ что на кани́кулах он хо́чет путеше́ствовать.

나의 형 이름은 올레그입니다.

나는 20살이고, 그는 25살입니다.

오늘은 형의 생일입니다.

부모님은 그에게 사진기를 사주셨습니다.

그의 친구들은 형에게 새 디스크를 사주었습니다.

나는 형에게 편지를 써서 선물과 함께 주었습니다.

나는 형을 위해 여행티켓을 준비했는데, 형이 방학때 여행을 가고 싶어하기 때문입니다.

СЛОВАРЬ

день рожде́ния	생일
купи́ть	사다
фотоаппара́т	사진기
подари́ть	선물하다

ди́ски	디스크
письмо́	편지
пода́рок	선물
пригото́вить	준비하다
туристи́ческий	관광의, 여행의
туристи́ческая путёвка	여행 티켓
кани́кулы	방학
путеше́ствовать	여행하다
потому́ что ~	왜냐하면 ~때문이다

ПОГОВОРИМ

1. Как зову́т его бра́та? 그의 형 이름은 무엇입니까?
2. Ско́лько бра́ту лет? 형은 몇 살 입니까?
3. Что пода́рили бра́ту роди́тели? 부모님들은 형에게 무엇을 선물했습니까?
4. Что пода́рили бра́ту друзья́? 친구들은 형에게 무엇을 선물했습니까?
5. Что он пода́рил бра́ту? 그는 형에게 무엇을 선물했습니까?

ДИАЛОГ

①	②
- Кому́ вы пи́шете письмо́? - Я пишу́ бра́ту и сестре́. - Ско́лько им лет? - Бра́ту 21 год, а сестре́ 18 лет.	- Что ты де́лал сего́дня? - Я с дру́гом ходи́л в кино́. - Вам понра́вился фильм? А дру́гу? - Да. Мне нра́вится совреме́нное кино́, а дру́гу нет.
- 당신은 누구에게 편지를 씁니까? - 저는 남동생과 여동생에게 편지를 씁니다. - 그들은 몇 살입니까? - 형은 21살이고, 동생은 18살입니다.	- 너는 오늘 뭐했니? - 나는 친구랑 영화관에 다녀왔어. - 영화는 마음에 들었니? 친구는? - 응, 나는 현대 영화를 좋아하지만, 친구는 아니야.

ГРАММАТИКА

1. 명사의 여격

'~에게 ~을 한다'의 경우에서 '~에게' 해당하는 간접목적어를 여격(3격)이라 한다. 남성명사와 중성명사의 경우는 어미 -у, 여성명사의 경우는 어미 -е를 갖는다.

격 / 성·수	주격(1격) (кто?)	여격(3격) (комý? чемý?)
남성	оте́ц брат лекто́рий па́па	отцу́ бра́ту лекто́рию па́пе
여성	сестра́ мать Росси́я аудито́рия	сестре́ ма́тери Росси́и аудито́рии
중성	о́бщество	о́бществу
복수	отцы́ бра́тья учителя́ ма́мы	отца́м бра́тьям учителя́м ма́мам

2. 인칭대명사의 여격

кто?	я 나는	ты 너는	он 그는	она́ 그녀는	мы 우리는	вы 당신은	они́ 그들은
комý? (~에게)	мне	тебе́	емý	ей	нам	вам	им

3. 명사와 함께 하는 품사

명사와 결합하는 형용사, 소유대명사는 명사와 동일한 격을 가진다.

Это ... (주격)	**Я пишу́ (кому́?)... (여격)**
мой люби́мый друг моя́ люби́мая подру́га	мо**ему́** люби́**мому** дру́гу мо**е́й** люби́**мой** подру́ге
мои́ люби́мые друзья́ мои́ люби́мые подру́ги	мо**и́м** люби́**мым** друзья́м мо**и́м** люби́**мым** подру́гам

4. 연령표현

1) 사람의 연령에 대해 말할 때 해당하는 사람은 여격으로 나타낸다.

- Ско́лько вам лет? - 당신은 몇 살입니까?

- Мне 22 го́да. - 저는 22살입니다.

2) 사람의 연령에 대해서 말할 때도 마지막 숫자에 따라 뒤에 오는 단어의 격이 달라진다.

1, 21, 31, 41	год (단수 주격)
2, 3, 4, 22, 33, 44	го́да (단수 생격)
5 - 20, 30	лет (복수 생격)

ЗАДАНИЯ И УПРАЖНЕНИЯ

1. 괄호 속 단어를 올바른 형태로 고쳐 보기와 같이 문장을 완성해보세요.

〈보기〉

(Дени́с) 15 лет. → Дени́су 15 лет.

1) (Да́ша) 23 года.
2) (Стари́к) 70 лет.
3) (Отец) 39 лет.
4) (Оле́г) 22 года.
5) (Брат) 18 лет.
6) (Де́вочка) 10 лет.
7) (Сестра́) 21 год.
8) (Мать) 37 лет.
9) (Студе́нт) 20 лет.
10) (Студе́нтка) 18 лет.

2. 인칭대명사를 올바른 형태로 고쳐 보기와 같이 문장을 완성해보세요.

〈보기〉

Помоги́те (я), пожа́луйста. → Помоги́те мне, пожа́луйста.

1) Скажи́те (он), когда́ буде́т ле́кция.
2) Объясни́те (мы), пожа́луйста, грамма́тику ещё раз.
3) Расскажи́те (мы) об исто́рии Росси́и.
4) Я хочу́ прочита́ть (ты) статью́.
5) Да́йте (они́), пожа́луйста, кни́ги.
6) Купи́ (она́) цветы́!

3. 오른쪽 주어진 단어들을 활용하여 주어진 질문에 답해보세요.

1) Кому́ вы позвони́ли?	мать, отец, брат, врач, Ни́на, Бори́с
2) Кому́ учи́тель объясня́ет зада́ние?	студе́нт, студе́нтка, гру́ппа, Ди́ма, Анто́н, Мари́на
3) Кому́ вы написа́ли письмо́?	сестра́, подру́га, друг, де́душка, Ната́ша, Ива́н
4) Кому́ он помога́ет?	ба́бушка, ребёнок, Оля, Ми́ша, преподава́тель, мы

Урок 27

Ве́чером я занима́юсь ру́сским языко́м.

저녁에 나는 러시아어를 공부합니다.

-ся를 가진 동사 용법

Утром я просыпа́юсь в 7 часо́в.	아침 7시에 나는 잠에서 깹니다.
В 3 часа́ заня́тия конча́ются.	3시에 수업이 마칩니다.
Ве́чером я занима́юсь ру́сским языко́м.	저녁에 나는 러시아어를 공부합니다.

ПОЧИТАЕМ

Утром в 7 часо́в я просыпа́юсь, умыва́юсь и за́втракаю.
Пото́м я собира́юсь и иду́ в университе́т.
В 11 часо́в начина́ются мои́ заня́тия.
В 3 часа́ конча́ются заня́тия.
Пото́м я иду́ в библиоте́ку.
Ве́чером до́ма я занима́юсь ру́сским языко́м.

아침 7시에 나는 일어나서 세수를 하고 아침을 먹습니다.
그 뒤에 나는 준비를 해서 학교로 갑니다.
11시에 나의 수업들이 시작됩니다.
3시에 수업이 마칩니다.
그 뒤에 나는 도서관으로 갑니다.
저녁에 나는 집에서 러시아어를 공부합니다.

СЛОВАРЬ

просыпа́ться	잠을 깨다
умыва́ться	세수하다
за́втракать	아침을 먹다
собира́ться	채비를 하다, 준비하다
начина́ться	시작되다
конча́ться	마치다

ПОГОВОРИМ

1. Когда́ он просыпа́ется? 그는 언제 잠에서 깹니까?
2. Что он де́лает у́тром? 그는 아침에 무엇을 합니까?
3. Когда́ начина́ются его́ заня́тия? 그의 수업은 언제 시작됩니까?
4. Когда́ они́ конча́ются? 수업은 언제 마칩니까?
5. Что он де́лает ве́чером? 그는 저녁에 무엇을 합니까?

ДИАЛОГ

①	②
- Когда́ вы начина́ете ле́кцию? - Обы́чно ле́кция начина́ется в 11 часо́в. - Когда́ вы конча́ете её? - Ле́кция конча́ется в час.	- Когда́ открыва́ется библиоте́ка? - Её обы́чно открыва́ют в 8 часо́в. - Когда́ её закрыва́ют? - Она́ закрыва́ется в 20 часо́в.
- 언제 당신은 강의를 시작합니까? - 보통 강의는 11시에 시작됩니다. - 언제 강의를 마칩니까? - 강의는 1시에 마칩니다.	- 도서관은 언제 문을 엽니까? - 보통 8시에 문을 엽니다. - 도서관은 언제 문을 닫습니까? - 도서관은 저녁 8시에 문을 닫습니다.

ГРАММАТИКА

1. -ся를 가진 동사

1) -ся 동사 변화

занима́ться, учи́ться와 같이 동사원형에서 -ся를 가지고 있는 동사를 '-ся 동사'라고 한다. '-ся 동사'는 동사변화시 '-ся' 부분을 제외한 부분에서 동사변화가 이루어진 다음 '-ся' 부분 앞이 자음으로 끝나면 '-ся' 그대로, 모음으로 끝나면 '-сь'로 바뀐다.

현재형	занима́ться	учи́ться
Я	занима́юсь	учу́сь
Ты	занима́ешься	у́чишься
Он/Она́	занима́ется	у́чится
Мы	занима́емся	у́чимся
Вы	занима́етесь	у́читесь
Они́	занима́ются	у́чатся

과거형		
과거형	занима́лся	учи́лся
	занима́лась	учи́лась
	занима́лось	учи́лось
	занима́лись	учи́лись

명령형		
명령형	занима́йся	учи́сь
	занима́йтесь	учи́тесь

2) -ся 동사 의미

-ся 동사의 대부분은 타동사에 -ся가 첨가되어 자동사의 의미를 지니는 경우가 많다.

учи́ть(가르치다, 암기하다) → учи́ться(배우다, 공부하다)
изменя́ть(바꾸다) → изменя́ться(변하다)
познако́мить(소개하다) → познако́миться(알게되다)

2. 동사 начина́ть - конча́ть, начина́ться - конча́ться

동사 начина́ть(시작하다) - конча́ть(끝내다)는 인칭에 따라 변화하는 능동문 동사이다. 그리고 начина́ться(시작되다) - конча́ться(끝나다)는 무인칭문에 사용되는 수동형태이다.

인칭 \ 동사원형	начина́ть	конча́ть	начина́ться	конча́ться
я	начина́ю	конча́ю		
ты	начина́ешь	конча́ешь		
он, она́, оно́	начина́ет	конча́ет	начина́ет**ся**	конча́ет**ся**
мы	начина́ем	конча́ем		
вы	начина́ете	конча́ете		
они́	начина́ют	конча́ют	начина́ют**ся**	конча́ют**ся**

Я начина́ю рабо́тать в 10 часо́в. 나는 10시에 일을 시작한다.
Рабо́та начина́ется в 10 часо́в. 일은 10시에 시작된다.

Мы конча́ем рабо́ту в 7 часо́в. 우리는 7시에 일을 마친다.
Рабо́та конча́ется в 7 часо́в. 일은 7시에 마친다.

Профе́ссор начина́ет ле́кцию в 2 часа́. 교수님은 2시에 강의를 시작하신다.
Ле́кция начина́ется в 2 часа́. 강의는 2시에 시작된다.

Магази́н открыва́ется в 9 часо́в. 상점은 9시에 문을 연다.
Он открыва́ет магази́н в 9 часо́в. 그는 9시에 상점을 연다

Магази́н закрыва́ется в 8 часо́в. 상점은 8시에 닫는다.
Он закрыва́ет магази́н в 8 часо́в. 그는 8시에 상점을 닫는다.

ЗАДАНИЯ И УПРАЖНЕНИЯ

1. 동사 <начина́ть-начина́ться, конча́ть-конча́ться>를 활용하여 문장을 완성해보세요.

1) Ле́кция __________ в 10 часо́в, а __________в 12 часо́в.

2) Профе́ссор __________ ле́кцию ро́вно в 9 часо́в.

3) Магази́н __________ рабо́тать в 9 часо́в, а __________ в 19 часо́в.

4) Преподава́тель __________ заня́тие у́тром.

5) Мы __________ рабо́тать в 7 часо́в, а __________ в 17 часо́в.

6) Его́ брат __________ рабо́тать ве́чером.

2. 주어진 문장을 보기와 같이 바꾸어보세요.

〈보기〉

Магази́н закрыва́ется в 10 часо́в. → Он закрыва́ет магази́н в 10.

1) Дверь закрывáется вéтром.

2) Шкóла открывáется в 8 часóв.

3) Учи́тель начинáет урóк в 9 часóв.

4) Я кончáю рабóту в 6 часóв.

5) Концéрт начинáется в 7 часóв.

6) Заня́тие кончáется в 3 часá.

3. 아래 대화문을 완성해보세요.

1) Когдá начинáются вáши заня́тия? - ______________________ .	2) Когдá кончáются вáши заня́тия? - ______________________ .
3) Когда′ открывáется библиотéка? - ______________________ .	4) Когда′ закрывáется библиотéка? - ______________________.

Урок 28

Наконе́ц я прочита́л кни́гу.
마침내 나는 책을 다 읽었습니다.

동사 상 과거용법

Я чита́л кни́гу о Росси́и.	나는 러시아에 관한 책을 읽었습니다.
Наконе́ц я прочита́л кни́гу.	마침내 나는 책을 다 읽었습니다.
Пото́м я вы́учил но́вые слова́.	그 뒤 나는 새로운 단어들을 다 외웠습니다.

ПОЧИТАЕМ

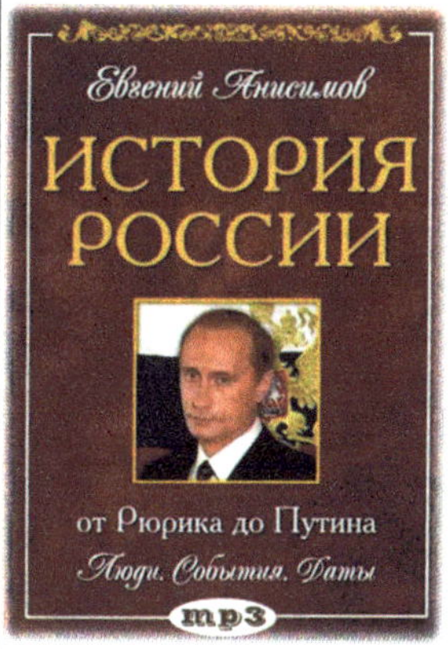

Вче́ра я был в библиоте́ке.
Я чита́л кни́гу о Росси́и.
Я до́лго иска́л её и наконе́ц нашёл.
Наконе́ц я прочита́л кни́гу до конца́.
Пото́м я вы́учил но́вые слова́ и написа́л рефера́т.
Я мно́го сде́лал вчера́.

어제 나는 도서관에 있었습니다.
나는 러시아에 관한 책을 읽었습니다.
나는 오랫동안 그 책을 찾았었고, 마침내 찾았습니다.
드디어 나는 책을 끝까지 다 읽었습니다.
그 뒤에 나는 새로운 단어들을 다 외웠고 리포트를 다 썼습니다.
어제 나는 많은 일을 했습니다.

СЛОВАРЬ

иска́ть	찾다(불)
найти́	찾다(완)
наконе́ц	마침내, 드디어
до конца́	끝까지
прочита́ть	읽다(완)
вы́учить	외우다(완)
написа́ть	쓰다(완)
рефера́т	리포트
сде́лать	하다(완)

ПОГОВОРИМ

1. Где он был вчера́?	그는 어제 어디에 있었습니까?
2. Что он де́лал в библиоте́ке?	그는 도서관에서 무엇을 했습니까?
3. Что он до́лго иска́л?	그는 오랫동안 무엇을 찾았습니까?
4. Что он сде́лал пото́м?	그 뒤 그는 무엇을 다했습니까?
5. Что он написа́л?	그는 무엇을 다썼습니까?

ДИАЛОГ

①	②
- Что вы обы́чно де́лаете в суббо́ту? - Мы смо́трим кино́, чита́ем газе́ты. - Что вы сде́лали сего́дня? - Сего́дня я прочита́л кни́гу, написа́л письмо́ бра́ту. - 너희들은 보통 토요일에 무엇을 하니? - 우리는 영화를 보고 신문을 읽어. - 오늘은 너희들 뭐했니? - 오늘 나는 책을 읽었고, 형에게 편지를 썼어.	- Что ты лю́бишь де́лать? - Я о́чень люблю́ смотре́ть кино́. - Что ты посмотре́ла сего́дня? - Сего́дня я посмотре́ла но́вый фильм. - 너는 뭐하는 것을 좋아하니? - 나는 영화보는 것을 매우 좋아해. - 너는 오늘 무엇을 봤니? - 오늘 나는 새영화를 봤어.

ГРАММАТИКА

1. 동사상의 용법

러시아의 대부분 동사는 불완료상과 완료상의 쌍을 가진다. 일반적으로 불완료상은 행위 사실 자체나 진행 중인 행위, 반복, 습관적인 행위 등을 의미하며, 완료상은 완료된 일회성 행위를 가르킨다. 불완료상은 과거, 현제시제를 가지며, 미래는 'быть 동사 + 동사원형'의 형태를 가지며, 완료상은 과거와 미래 시제만을 가진다.

〈불완료상 동사〉	〈완료상 동사〉
1) 과거의 일반적 사실	완료된 행위
Я чита́ла кни́гу. 나는 책을 읽었다.	Я прочита́ла кни́гу. 나는 책을 다읽었다.
2) 과거 반복된 행위	과거 일회성 행위
Обы́чно я встава́л в 7 часо́в. 보통 나는 7시에 일어났다.	Сего́дня я встал в 6 часо́в. 오늘 나는 6시에 일어났다.
3) 미래의 일반적 사실	미래에 종결하고자 하는 의지
За́втра я бу́ду писа́ть письмо́. 내일 나는 편지를 쓸 것이다.	За́втра я напишу́ письмо́. 내일 나는 편지를 다 쓸 것이다.

※ 구문

불완료상과 함께 자주 쓰이는 구문		완료상과 함께 자주 쓰이는 구문	
всегда́	иногда́	до конца́	вдруг
ча́сто	ре́дко	за два часа́	сра́зу
до́лго	два часа́	наконе́ц	неожи́данно

2. 동사상의 구성

동사 상의 구분은 크게 접두사에 의한 방법, 어간의 변형 방법, 완전히 다른 어근 형태 방법으로 구분된다.

1) 접두사에 의한 완료상 파생

불완료상	완료상
читáть	**про**читáть
слýшать	**по**слýшать
дýмать	**по**дýмать
зáвтракать	**по**зáвтракать
есть	**съ**есть
пить	**вы́**пить
знать	**у**знáть
слы́шать	**у**слы́шать

불완료상	완료상
писáть	**на**писáть
смотрéть	**по**смотрéть
идти́	**пой**ти́
éхать	**по**éхать
дéлать	**с**дéлать
учи́ть	**вы́**учить
ви́деть	**у**ви́деть
хотéть	**за**хотéть

2) 어간의 변형 방법

불완료상	완료상
да**вá**ть	дать
вста**вá**ть	встать
спрáш**ива**ть	спро**си́**ть
брос**á**ть	бр**ó**сить
реш**á**ть	реш**и́**ть
отвеч**á**ть	отв**é**тить
начин**á**ть(ся)	нач**á**ть(ся)
конч**á**ть(ся)	к**ó**нчить(ся)

4) 어근이 다른 상의 쌍

불완료상	완료상
брать	взять
говори́ть	сказа́ть
класть	положи́ть
сади́ться	сесть
ложи́ться	лечь

ЗАДАНИЯ И УПРАЖНЕНИЯ

1. 다음 문장들을 읽고 비교해보세요.

<불완료상 동사>	<완료상 동사>
1) **Я де́лал** зада́ние.	**Я сде́лал** зада́ние.
2) **Я смотре́л** но́вости.	**Я посмотре́л** но́вости.
3) **Я писа́л** сочине́ние.	**Я написа́л** сочине́ние.
4) **Я учи́л** те́кст.	**Я вы́учил** те́кст.
5) **Я говори́л** ему́.	**Я сказа́л** ему́.
6) **Я реша́л** пробле́му.	**Я реши́л** пробле́му.

2. 오른쪽 동사들을 활용하여 문장들을 완성해보세요.

1) Ка́ждый день Аня ________________ газе́ты.	чита́ть-прочита́ть

2) Вчера́ Ники́та наконе́ц ________________ письмо.	писа́ть-написа́ть
3) Обы́чно мы ________________ спорт в 9 часо́в.	смотре́ть-посмотре́ть
4) Вчера́ мы ________________ э́ту програ́мму до конца́.	слу́шать-послу́шать
5) Сего́дня у́тром я наконе́ц ______________ заря́дку и пошёл в университе́т.	де́лать-сде́лать
6) Ре́дко он ____________ об учёбе.	ду́мать-поду́мать

3. 다음 대화문을 완성해보세요.

1) - Что вы обы́чно берёте в магази́не?

- ________________________________ .

- Что вы взя́ли сего́дня?

- ________________________________ .

2) - Что вы обы́чно еди́те у́тром?

- ________________________________ .

- Что вы съе́ли сего́дня у́тром?

- ________________________________ .

3) - Что вы смо́трите ка́ждый день?

- ______________________________________ .

- Что вы посмотре́ли сего́дня?

- ______________________________________ .

4) - Что вы учи́ли це́лый день?

- ______________________________________ .

- Что вы вы́учили сего́дня на уро́ке?

- ______________________________________ .

Урок 29

За́втра я сде́лаю э́то зада́ние.
내일 나는 이 과제를 다 할 것입니다.

동사 상 미래용법

За́втра я вста́ну в 6 часо́в.	내일 나는 6시에 일어날 것입니다.
Пото́м я напишу́ сочине́ние.	그 뒤 나는 작문을 쓸 것입니다.
Я бу́ду де́лать дома́шнее зада́ние.	나는 숙제를 할 것입니다.

ПОЧИТАЕМ

За́втра у́тром я вста́ну в 6 часо́в.
Пото́м я поза́втракаю.
В 7 часо́в сде́лаю заря́дку.
Пото́м бу́ду де́лать дома́шнее зада́ние.
Я вы́учу но́вые слова́, прочита́ю текст.
Пото́м я напишу́ сочине́ние.

내일 아침에 나는 6시에 일어날 것입니다.
그 뒤에 아침을 먹을 것입니다.
7시에 체조를 할 것입니다.
그 뒤에 숙제를 할 것입니다.
나는 새 단어들을 외우고, 본문을 읽을 것입니다.
그 뒤에 나는 작문을 쓸 것입니다.

СЛОВАРЬ

за́втра	내일
вста́ть	일어나다(완)
поза́втракать	아침을 먹다(완)
заря́дка	체조
дома́шнее зада́ние	숙제
прочита́ть	읽다(완)
текст	본문
сочине́ние	작문

ПОГОВОРИМ

1. Когда́ он вста́нет за́втра?	그는 내일 몇 시에 일어날 것입니까?
2. Когда́ он сде́лает заря́дку?	그는 언제 체조를 할 것입니까?
3. Что он бу́дет де́лать пото́м?	그 뒤 그는 무엇을 할 것입니까?
4. Что вы сде́лаете за́втра?	여러분은 내일 무엇을 하실 것입니까?
5. Когда́ вы бу́дете де́лать дома́шнее зада́ние?	여러분은 숙제는 언제 하실 것입니까?

ДИАЛОГ

①	②
- Что вы бу́дете де́лать за́втра у́тром? - Я поза́втракаю и бу́ду смотре́ть телеви́зор. - Что вы бу́дете де́лать за́втра ве́чером? - Я пойду́ в кафе́, поу́жинаю с друзья́ми, вы́пью с ни́ми пи́во. - 당신은 내일 아침에 무엇을 하실 것입니까? - 나는 아침을 먹고 텔레비전을 볼 것입니다. - 당신은 내일 저녁에는 무엇을 하실 것입니까? - 나는 카페에 가서 친구들과 저녁을 먹고, 맥주를 마실 것입니다.	- Каки́е у тебя́ пла́ны на суббо́ту? - Я встре́чусь с друзья́ми и посмотрю́ кино́ в кинотеа́тре. - Что ты бу́дешь де́лать ве́чером? - Я бу́ду чита́ть кни́гу. - 너는 토요일에 어떤 계획이 있니? - 나는 친구들과 만나서 영화관으로 영화를 보러 갈 거야. - 저녁에는 뭐할 거니? - 나는 책 읽을 거야.

ГРАММАТИКА

1. 동사의 미래 의미

러시아어에서는 불완료상 동사, 완료상 동사 모두 미래 의미를 나타낼 수 있다.
불완료상 동사, 완료상 동사는 다음과 같은 시제를 가진다.

	불완료상 동사		완료상 동사	
과거	Он чита́л.	그는 읽었다.	Он прочита́л.	그는 다 읽었다.
현재	Он чита́ет.	그는 읽는다.	-/-	
미래	Он бу́дет чита́ть.	그는 읽을 것이다.	Он прочита́ет.	그는 다 읽을 것이다.

1) 불완료상 동사 의미

불완료상 동사는 현재, 과거, 미래 시제에서 어떠한 행위나 결과에 대한 완료의 의미는 없다.

① 현재

말하는 순간과 동시에 진행되는 과정이나 반복되는 사실을 전달한다.

Сейча́с я пишу́ письмо́. 나는 지금 편지를 쓰고 있다.
Я пишу́ письмо́ всегда́ ве́чером. 나는 (항상) 저녁에 편지를 쓴다.

② 과거

과거에 진행중이었던 과정이나 단순한 사실을 전달한다.

Утром я писа́ла письмо́. 아침에 나는 편지를 쓰고 있었다.
Он ча́сто писа́л ей пи́сьма. 그는 그녀에게 자주 편지들을 썼다.
Вы чита́ли э́тот рома́н? 당신은 이 책을 읽었습니까?

③ 미래

미래의 과정이나 행위를 전달한다.

Ве́чером я бу́ду писа́ть расска́з.	저녁에 나는 이야기를 쓸 것이다.
За́втра я бу́ду чита́ть кни́гу.	내일 나는 책을 읽을 것이다.

2) 완료상 동사 의미

완료상 동사는 현재의 의미를 가지지 않으며, 과거, 미래 시제에서 어떠한 행위나 결과에 대한 완료의 의미를 지니고 있다.

① 과거

과거에 완료된 어떠한 결과나 상태를 전달한다.

Утром я написа́ла письмо́.	아침에 나는 편지를 다 썼다.
Вы прочита́ли э́тот рома́н?	당신은 이 소설을 다 읽었습니까?

② 미래

미래에 어떠한 결과나 상태를 완료하겠다는 의지를 전달한다.

Я напишу́ письмо́ ве́чером.	나는 저녁에 편지를 다 쓸 것이다.
За́втра я прочита́ю кни́гу.	내일 나는 책을 다 읽을 것이다.

2. 합성미래

불완료상 동사는 '동사 быть + 동사원형'의 형태로 미래시제를 나타낸다. 2개의 동사가 합쳐서 미래의미를 나타내므로 합성미래라고 한다.

За́втра я **бу́ду смотре́ть** кину́.	내일 나는 영화를 볼 것이다.
За́втра я **бу́ду чита́ть** кни́гу.	내일 나는 책을 읽을 것이다.
За́втра я **бу́ду писа́ть** письмо́.	내일 나는 편지를 쓸 것이다.

За́втра я **бу́ду слуша́ть** му́зыку.	내일 나는 음악을 들을 것이다.
За́втра я **бу́ду реша́ть** зада́чу.	내일 나는 과제를 해결할 것이다.
За́втра я **бу́ду де́лать** зада́ние.	내일 나는 숙제를 할 것이다.

3. 단일미래

완료상 동사는 동사 자체만으로 미래의미를 나타내어 단일미래라고 한다. 완료상 동사는 동사변화가 현재시제 변화와 동일하지만, 의미는 미래의미만을 가진다.

За́втра я **посмотрю́** кино́.	내일 나는 영화를 다 볼 것이다.
За́втра я **прочита́ю** кни́гу.	내임 나는 책음 다 읽을 것이다.
За́втра я **напишу́** письмо́.	내일 나는 편지를 다 쓸 것이다.
За́втра я **послу́шаю** му́зыку.	내일 나는 음악을 다 들을 것이다.
За́втра я **решу́** зада́чу.	내일 나는 과제를 다 해결할 것이다.
За́втра я **сде́лаю** зада́ние.	내일 나는 숙제를 다 할 것이다.

ЗАДАНИЯ И УПРАЖНЕНИЯ

1. 주어진 동사들을 활용하여 문장을 완성해보세요.

1) За́втра я поза́втракаю и ____________ (чита́ть-прочита́ть) кни́гу до конца́.

2) Пото́м я бу́ду смотре́ть телеви́зор и __________ (слу́шать-послу́шать) му́зыку.

3) Ве́чером я ______________________ (писа́ть-написа́ть) письмо́ и отпра́влю его.

4) В 2 часа́ я позвоню́ тебе́ и всё ________________ (сказа́ть-говори́ть).

5) За́втра я ____________ (реша́ть-реши́ть) зада́чу и скажу́ тебе́ отве́т.

6) За́втра я ____________ (купи́ть-покупа́ть) слова́рь и дам тебе́.

2. 아래 표현들을 활용하여 보기와 유사한 대화문을 만들어보세요.

〈보기〉

- Ната́ша, **почему́ ты не пи́шешь** упражне́ние?
- **Я уже́ написа́ла** его́.

〈참고단어〉

смотре́ть э́тот фильм, чита́ть э́тот рома́н, учи́ть но́вые слова́, писа́ть письмо́, реша́ть зада́чу

3. 다음 대화문을 완성해보세요.

1) ______________________ ?

- Чита́л но́вый рома́н. Очень интере́сный.

2) - Ты чита́л э́тот рома́н?

- ______________________________ .

3) - Почему́ ты не смотре́л э́тот фильм?

- ______________________________ .

4) - Ты смотре́л но́вости?

- ______________________________ .

5) - ______________________________ ?

- Я де́лал дома́шнее зада́ние.

6) - Ты сде́лал дома́шнее зада́ние?

- ______________________________ .

Урок 30

Я приéхал из Корéи.
나는 한국에서 왔습니다.

접두사를 가진 운동동사 용법

Я приéхал из Корéи.	나는 한국에서 왔습니다.
Онá приéхала из Испáнии.	그녀는 스페인에서 왔습니다.
Он уéхал из Москвы́ в Украи́ну.	그는 모스크바에서 우크라이나로 갔습니다.

ПОЧИТАЕМ

Здра́вствуйте! Меня́ зову́т Минсу́.
Я учу́сь в университе́те в Москве́.
Я прие́хал из Коре́и.
Я хочу́ познако́мить вас с мои́ми друзья́ми.
Мои друзья́ - иностра́нцы.
Джон прие́хал из Аме́рики. Он америка́нец.
Чан прие́хал из Кита́я. Он кита́ец.
Роме́о - италья́нец. Он прие́хал из Ита́лии.
А его́ подру́га Ребе́кка прие́хала из Испа́нии.
Неда́вно наш друг Михаи́л уе́хал из Москвы́ в Украи́ну. На́ша гру́ппа о́чень дру́жная.

안녕하세요! 내 이름은 민수입니다. 나는 모스크바에 있는 대학에 다니고 있습니다.
나는 한국에서 왔습니다.
나는 내 친구들을 여러분에게 소개하고 싶습니다.
나의 친구들은 외국인입니다. 존은 미국에서 왔습니다.
그는 미국인입니다.
찬은 중국에서 왔습니다. 그는 중국인입니다.
로메오는 이탈리아인입니다. 그는 이탈리아에서 왔습니다. 그리고 그의 여자친구 레베카는 스페인에서 왔습니다. 최근에 우리의 친구 미하일이 모스크바에서 우크라이나로 돌아갔습니다. 우리 그룹은 매우 친합니다.

СЛОВАРЬ

прие́хать	도착하다(완)
познако́мить	소개하다
иностра́нцы	외국인들
Аме́рика	미국
Кита́й	중국
кита́ец	중국인(남)
Ита́лия	이탈리아
италья́нец	이탈리아인(남)
Испа́ния	스페인
уе́хать	떠나다(완)
Украи́на	우크라이나

ПОГОВОРИМ

1. Как его́ зову́т?	그의 이름은 무엇입니까?
2. Как зову́т его́ друзе́й?	그의 친구들 이름은 무엇입니까?
3. Отку́да прие́хал Джон?	존은 어디에서 왔습니까?
4. Отку́да прие́хали Роме́о и его́ подру́га?	로메오와 그의 여자친구는 어디에서 왔습니까?
5. Кто уе́хал из Москвы́?	누가 모스크바를 떠났습니까?

ДИАЛОГ

①	②
- Отку́да вы прие́хали? - Я прие́хал из Коре́и. - Где вы ра́ньше жи́ли? - Я прие́хал из Сеу́ла. - 당신은 어디에서 왔습니까? - 저는 한국에서 왔습니다. - 당신에 이전에 어디에서 살았습니까? - 저는 서울에서 왔습니다.	- Отку́да вы пришли́? - Мы бы́ли в па́рке. - Что вы там де́лали? - Мы занима́лись спо́ртом. - 너희들은 어디에서 오는 길이니? - 우리는 공원에 있었어. - 너희들은 거기서 뭐했니? - 우리는 운동했어.

ГРАММАТИКА

1. 접두사 + 운동동사

정태동사 идти́, е́хать에 접두사를 붙으면 완료상이 되고, 부정태동사 ходи́ть, е́здить에 접두사가 붙으면 불완료상이 된다.

приходи́ть - прийти́ приезжа́ть - прие́хать (걸어서, 타고)도착하다	→ куда́?	в музе́й, в библиоте́ку на вы́ставку, на рабо́ту
уходи́ть - уйти́ уезжа́ть - уе́хать (걸어서, 타고)떠나다	← отку́да?	из музе́я, из библиоте́ки, с вы́ставки, с рабо́ты

2. 전치사 из, с의 용법

운동동사와 주로 함께 쓰이는 전치사로는 〈в/на + 대격, из/с + 생격〉이 있다. 〈в/на + 대격〉은 '운동의 목표'를 나타내고, 〈из/с + 생격〉은 '운동의 출발점'을 나타낸다.

куда́?		отку́да?	
в магази́н	상점으로	из магази́на	상점에서
в шко́лу	학교로	из шко́лы	학교에서
на конце́рт	음악회로	с конце́рта	음악회에서
на вы́ставку	전시회로	с вы́ставки	전시회에서

Я иду́ в магази́н. 나는 상점으로 가는 길이다.
Я иду́ из магази́на. 나는 상점에서 오는 길이다.

ЗАДАНИЯ И УПРАЖНЕНИЯ

1. 문장들을 읽고 비교해보세요.

〈불완료상 동사〉	〈완료상 동사〉
1) Обы́чно я приезжа́л в университе́т у́тром.	Сего́дня я прие́хал в университе́т днём.
2) Всегда́ я уезжа́л из до́ма в 3 часа́.	Сего́дня я уе́хал из до́ма в 6 часо́в.
3) Ка́ждый день я приходи́л на вы́ставку ве́чером.	Сего́дня я пришёл на вы́ставку у́тром.
4) Обы́чно я уходи́л с вы́ставки по́здно.	Сего́дня я ушёл с вы́ставки ра́но.

2. 주어진 단어들을 활용해서 문장을 완성해보세요.

1) Мы уéхали ________________	Санкт-Петербу́рг, Владивостóк, Корéя, дом, гóрод
2) Студéнты ушли́ ______________	университéт, универмáг, кафé, стадиóн, буфéт
3) Вéра уéхала ________________	Росси́я, университéт, рабóта, óфис, Ирку́тск
4) Онá ушлá ________________	пóчта, магази́н, больни́ца, парк, шкóла
5) Студéнты приéхали ____________	Москвá, Сеу́л, Амéрика, Китáй, мóре
6) Мы пришли́ ________________	библиотéка, музéй, вы́ставка, концéрт, банк

3. 사진을 보고 보기와 같이 대화문을 만들어보세요.

〈보기〉

- Отку́да вы приéхали?
- Я приéхал из Корéи.
- Где вы рáньше жи́ли?
- Рáньше я жил в Сеу́ле.

1)	2)	3)

Росси́я, Москва́	Фра́нция, Пари́ж	Ита́лия, Рим
4)	5)	6)

Росси́я, Ирку́тск	США, Нью-Йо́рк	Росси́я, Санкт-Петербу́рг

<러시아어 문법표>

1. 명사 격변화

남성명사 단수				
주격(1격)	журна́л	студе́нт	учени́к	карада́ш
생격(2격)	журна́ла	студе́нта	ученика́	карадаша́
여격(3격)	журна́лу	студе́нту	ученику́	карадашу́
대격(4격)	журна́л	студе́нта	ученика́	карада́ш
조격(5격)	журна́лом	студе́нтом	ученико́м	карадашо́м
전치격(6격)	журна́ле	студе́нте	ученике́	карадаше́
남성명사 복수				
주격(1격)	журна́лы	студе́нты	ученики́	карадаши́
생격(2격)	журна́лов	студе́нтов	ученико́в	карадаше́й
여격(3격)	журна́лам	студе́нтам	ученика́м	карадаша́м
대격(4격)	журна́лы	студе́нтов	ученико́в	карадаши́
조격(5격)	журна́лами	студе́нтами	ученика́ми	карадаша́ми
전치격(6격)	журна́лах	студе́нтах	ученика́х	карадаша́х

남성명사 단수				
주격(1격)	трамва́й	геро́й	санато́рий	писа́тель
생격(2격)	трамва́я	геро́я	санато́рия	писа́теля
여격(3격)	трамва́ю	геро́ю	санато́рию	писа́телю
대격(4격)	трамва́й	геро́я	санато́рий	писа́теля
조격(5격)	трамва́ем	геро́ем	санато́рием	писа́телем
전치격(6격)	трамва́е	геро́е	санато́рии	писа́теле
남성명사 복수				
주격(1격)	трамва́и	геро́и	санато́рии	писа́тели
생격(2격)	трамва́ев	геро́ев	санато́риев	писа́телей
여격(3격)	трамва́ям	геро́ям	санато́риям	писа́телям
대격(4격)	трамва́и	геро́ев	санато́рии	писа́телей
조격(5격)	трамва́ями	геро́ями	санато́риями	писа́телями
전치격(6격)	трамва́ях	геро́ях	санато́риях	писа́телях

❖ 남성명사는 경변화와 연변화 규칙으로 구분된다.

❖ 불활동체 남성 명사는 주격과 대격이 동일하고, 활동체 남성명사는 주격과 생격형태가 동일하다. 이 규칙은 단수, 복수 모두 적용된다.

❖ 자음 -г, к, х로 끝나는 명사들은 복수 주격 어미 и를 가진다.

❖ 자음 -ж, ч, ш, щ로 끝나는 명사는 복수 주격 어미 и를 가지며, 단수 조격에서 강세가 어미에 있으며, -ом, 강세가 어간에 있으면 -ем를 가진다.

❖ 어형 변화시 모음 -о, е가 탈락하는 경우들도 있다. 예를 들면, оте́ц → отца́, день → дня 등이 있다.

❖ 그 외 불규칙 변화하는 남성명사들도 있다. 이러한 명사들은 특별히 기억해둬야 한다. 예를 들면, брат, муж, друг, сын 등이 있다.

여성명사 단수				
주격(1격)	ко́мната	сестра́	кни́га	студе́нтка
생격(2격)	ко́мнаты	сестры́	кни́ги	студе́нтки
여격(3격)	ко́мнате	сестре́	кни́ге	студе́нтке
대격(4격)	ко́мнату	сестру́	кни́гу	студе́нтку
조격(5격)	ко́мнатой	сестро́й	кни́гой	студе́нткой
전치격(6격)	ко́мнате	сестре́	кни́ге	студе́нтке
여성명사 복수				
주격(1격)	ко́мнаты	сёстры	кни́ги	студе́нтки
생격(2격)	ко́мнат	сестёр	кни́г	студе́нток
여격(3격)	ко́мнатам	сёстрам	кни́гам	студе́нткам
대격(4격)	ко́мнаты	сестёр	кни́ги	студе́нток
조격(5격)	ко́мнатами	сёстрами	кни́гами	студе́нтками
전치격(6격)	ко́мнатах	сёстрах	кни́гах	студе́нтках

여성명사 단수				
주격(1격)	столи́ца	неде́ля	дверь	вещь
생격(2격)	столи́цы	неде́ли	две́ри	ве́щи
여격(3격)	столи́це	неде́ле	две́ри	ве́щи
대격(4격)	столи́цу	неде́лю	дверь	вещь
조격(5격)	столи́цей	неде́лей	две́рью	ве́щью
전치격(6격)	столи́це	неде́ле	двери́	ве́щи

여성명사 복수				
주격(1격)	столи́цы	неде́ли	две́ри	ве́щи
생격(2격)	столи́ц	неде́ль	двере́й	веще́й
여격(3격)	столи́цам	неде́лям	дверя́м	веща́м
대격(4격)	столи́цы	неде́ли	две́ри	вещи
조격(5격)	столи́цами	неде́лями	дверя́ми	веща́ми
전치격(6격)	столи́цах	неде́лях	дверя́х	веща́х

❖ 여성명사는 단수에서는 활동체, 불활동체 구분이 없으나 복수에서는 구분이 있다. 여성명사 복수에서 불활동체 명사는 주격과 대격이 동일하고, 활동체 명사는 생격과 대격이 동일하다.

❖ 복수 생격에서 어미의 모음이 탈락된 후 어미에 자음 2개 이상 남는 경우 마지막 자음 앞에 모음 о, е를 첨가한다. 예를 들면, студе́нтка → студе́нток 등이 있다.

❖ 그 외 불규칙 변화하는 여성명사들도 있다. 이러한 명사들은 특별히 기억해둬야 한다. 예를 들면, мать, дочь 등이 있다.

중성명사 단수				
주격(1격)	сло́во	мо́ре	собра́ние	вре́мя
생격(2격)	сло́ва	мо́ря	собра́ния	вре́мени
여격(3격)	сло́ву	мо́рю	собра́нию	вре́мени
대격(4격)	сло́во	мо́ре	собра́ние	вре́мя
조격(5격)	сло́вом	мо́рем	собра́нием	вре́менем
전치격(6격)	сло́ве	мо́ре	собра́нии	вре́мени
중성명사 복수				
주격(1격)	слова́	моря́	собра́ния	времена́
생격(2격)	слов	море́й	собра́ний	времён
여격(3격)	слова́м	моря́м	собра́ниям	времена́м
대격(4격)	слова́	моря́	собра́ния	времена́
조격(5격)	слова́ми	моря́ми	собра́ниями	времена́ми
전치격(6격)	слова́х	моря́х	собра́ниях	времена́х

❖ 중성명사는 활동체, 불활동체 구분이 없으며, 단수와 복수 모두 주격과 대격이 동일하다.

❖ 복수 생격에서 어미의 모음이 탈락된 후 어미에 자음 2개 이상 남는 경우 마지막 자음 앞에 모음 о, е를 첨가한다. 예를 들면, окно́ → о́кон, письмо́ → пи́сем(마지막 자음 앞이 ь를 가진 경우 ь가 е로 바뀜) 등이 있다.

2. 형용사 격변화

남성 형용사					
주격(1격)	но́вый	молодо́й	си́ний	хоро́ший	большо́й
생격(2격)	но́вого	молодо́го	си́него	хоро́шего	большо́го
여격(3격)	но́вому	молодо́му	си́нему	хоро́шему	большо́му
대격(4격)	но́вый нового	молодо́й молодо́го	си́ний си́него	хоро́ший хоро́шего	большо́й большо́го
조격(5격)	но́вым	молоды́м	си́ним	хоро́шим	больши́м
전치격(6격)	но́вом	молодо́м	си́нем	хоро́шем	большо́м

여성 형용사					
주격(1격)	но́вая	молода́я	си́няя	хоро́шая	больша́я
생격(2격)	но́вой	молодо́й	си́ней	хоро́шей	большо́й
여격(3격)	но́вой	молодо́й	си́ней	хоро́шей	большо́й
대격(4격)	но́вую	молоду́ю	си́нюю	хоро́шую	большу́ю
조격(5격)	но́вой	молодо́й	си́ней	хоро́шей	большо́й
전치격(6격)	но́вой	молодо́й	си́ней	хоро́шей	большо́й

중성 형용사					
주격(1격)	но́вое	молодо́е	си́нее	хоро́шее	большо́е
생격(2격)	но́вого	молодо́го	си́него	хоро́шего	большо́го
여격(3격)	но́вому	молодо́му	си́нему	хоро́шему	большо́му
대격(4격)	но́вое	молодо́е	си́нее	хоро́шее	большо́е
조격(5격)	но́вым	молоды́м	си́ним	хоро́шим	больши́м
전치격(6격)	но́вом	молодо́м	си́нем	хоро́шем	большо́м

복수 형용사					
주격(1격)	но́вые	молоды́е	си́ние	хоро́шие	больши́е
생격(2격)	но́вых	молоды́х	си́них	хоро́ших	больши́х
여격(3격)	но́вым	молоды́м	си́ним	хоро́шим	больши́м
대격(4격)	но́вые но́вых	молоды́е молоды́х	си́ние си́них	хоро́шие хоро́ших	больши́е больши́х
조격(5격)	но́выми	молоды́ми	си́ними	хоро́шими	больши́ми
전치격(6격)	но́вых	молоды́х	си́них	хоро́ших	больши́х

3. 대명사 격변화

1) 인칭대명사

단수					
	나	너	그	그녀	그것
주격(1격)	я	ты	он	она́	оно́
생격(2격)	меня́	тебя́	(н)его́	(н)её	(н)его́
여격(3격)	мне	тебе́	(н)ему́	(н)ей	(н)ему́
대격(4격)	меня́	тебя́	(н)его́	(н)её	(н)его́
조격(5격)	мной	тобо́й	(н)им	(н)ей	(н)им
전치격(6격)	мне	тебе́	нём	ней	нём

복수			
	우리	당신(당신들, 너희들)	그들
주격(1격)	мы	вы	они́
생격(2격)	нас	вас	(н)их
여격(3격)	нам	вам	(н)им
대격(4격)	нас	вас	(н)их
조격(5격)	на́ми	ва́ми	(н)и́ми
전치격(6격)	нас	вас	(н)их

2) 소유대명사

단수						
	남성	여성	중성	남성	여성	중성
주격(1격)	мой	моя	моё	твой	твоя	твоё
생격(2격)	моего́	мое́й	моего́	твоего́	твое́й	твоего́
여격(3격)	моему́	мое́й	моему́	твоему́	твое́й	твоему́
대격(4격)	мой моего́	мою́	моё	твой твоего́	твою́	твоё
조격(5격)	мои́м	мое́й	мои́м	твои́м	твое́й	твои́м
전치격(6격)	моём	мое́й	моём	твоём	твое́й	твоём
주격(1격)	наш	на́ша	на́ше	ваш	ва́ша	ва́ше
생격(2격)	на́шего	на́шей	на́шего	ва́шего	ва́шей	ва́шего
여격(3격)	на́шему	на́шей	на́шему	ва́шему	ва́шей	ва́шему
대격(4격)	наш на́шего	на́шу	на́ше	ваш ва́шего	ва́шу	ва́ше
조격(5격)	на́шим	на́шей	на́шим	ва́шим	ва́шей	ва́шим
전치격(6격)	на́шем	на́шей	на́шем	ва́шем	ва́шей	ва́шем

복수				
주격(1격)	мои́	твои́	на́ши	ва́ши
생격(2격)	мои́х	твои́х	на́ших	ва́ших
여격(3격)	мои́м	твои́м	на́шим	ва́шим
대격(4격)	мои́ мои́х	твои́ твои́х	на́ши на́ших	ва́ши ва́ших
조격(5격)	моими	твоими	на́шими	ва́шими
전치격(6격)	мои́х	твои́х	на́ших	ва́ших

3) 지시대명사

	단수			복수
	남성	여성	중성	
주격(1격)	э́тот	э́та	э́то	э́ти
생격(2격)	э́того	э́той	э́того	э́тих
여격(3격)	э́тому	э́той	э́тому	э́тим
대격(4격)	э́тот э́того	э́ту	э́то	э́ти э́тих
조격(5격)	э́тим	э́той	э́тим	э́тими
전치격(6격)	э́том	э́той	э́том	э́тих

	단수			복수
	남성	여성	중성	
주격(1격)	тот	та	то	те
생격(2격)	того́	той	того́	тех
여격(3격)	тому́	той	тому́	тем
대격(4격)	тот того́	ту	то	те тех
조격(5격)	тем	той	тем	те́ми
전치격(6격)	том	той	том	тех

4) 의문대명사

주격(1격)	кто	что
생격(2격)	кого́	чего́
여격(3격)	кому́	чему́
대격(4격)	кого́	чего́
조격(5격)	кем	чем
전치격(6격)	ком	чём

5) 소유 의문 대명사

	단수			복수
	남성	여성	중성	
주격(1격)	чей	чья	чьё	чьи
생격(2격)	чьего́	чьей	чьего́	чьих
여격(3격)	чьему́	чьей	чьему́	чьим
대격(4격)	чей чьего́	чью	чьё	чьи чьих
조격(5격)	чьим	чьей	чьим	чьи́ми
전치격(6격)	чьём	чьей	чьём	чьих

6) 기타 대명사

	단수			복수
	남성	여성	중성	
주격(1격)	весь	вся	всё	все
생격(2격)	всего́	всей	всего́	всех
여격(3격)	всему́	всей	всему́	всем
대격(4격)	весь всего́	всю	всё	все всех
조격(5격)	всем	всей	всем	все́ми
전치격(6격)	всём	всей	всём	всех

	단수			복수
	남성	여성	중성	
주격(1격)	сам	сама́	само́	са́ми
생격(2격)	самого́	само́й	самого́	сами́х
여격(3격)	самому́	само́й	самому́	сами́м
대격(4격)	сам самого́	саму́	само́	са́ми сами́х
조격(5격)	сами́м	само́й	сами́м	сами́ми
전치격(6격)	само́м	само́й	само́м	сами́х

4. 수사

1) 개수사와 순서수사

	ско́лько	кото́рый
1	оди́н	пе́рвый
2	два	второ́й
3	три	тре́тий
4	четы́ре	четвёртый
5	пять	пя́тый
6	шесть	шесто́й
7	семь	седьмо́й
8	во́семь	восьмо́й
9	де́вять	девя́тый
10	де́сять	деся́тый
11	оди́надцать	оди́надцатый
12	двена́дцать	двена́дцатый
13	трина́дцать	трина́дцатый
14	четы́рнадцать	четы́рнадцатый
15	пятна́дцать	пятна́дцатый
16	шестна́дцать	шестна́дцатый
17	семна́дцать	семна́дцатый
18	восемна́дцать	восемна́дцатый
19	девятна́дцать	девятна́дцатый
20	два́дцать	два́дцатый
30	три́дцать	тридца́тый
40	со́рок	сорокова́й

50	пятьдеся́т	пятидеся́тый
60	шестьдеся́т	шестидеся́тый
70	се́мьдесят	семидеся́тый
80	во́семьдесят	восьмидеся́тый
90	девяно́сто	девяно́стый
100	сто	со́тый
200	две́сти	двухсо́тный
300	триста́	трёхсо́тный
400	четы́реста	четырёхсо́тный
500	пятьсо́т	пятисо́тный
600	шестьсо́т	шестисо́тный
700	семьсо́т	семисо́тый
800	восемьсо́т	восьмисо́тый
900	девятьсо́т	девятисо́тый
1000	ты́сяча	ты́сячный
2000	две ты́сячи	двухты́сячный
3000	три ты́сячи	трёхты́сячный
4000	четы́ре ты́сячи	четырёхты́сячный
5000	пять ты́сяч	пятиты́сячный
6000	шесть ты́сяч	шеститы́сячный
7000	семь ты́сяч	семиты́сячный
8000	во́семь ты́сяч	восьмиты́сячный
9000	де́вять ты́сяч	девятиты́сячный
10,000	де́сять ты́сяч	десятиты́сячный
20,000	два́дцать ты́сяч	двадцатиты́сячный
100,000	сто ты́сяч	стоты́сячный
1,000,000	миллио́н	миллио́нный

2) 수사의 어형변화

❖ 개수사에서 1만이 оди́н(남), одна́(여), одно́(중), одни́(복수) 형태를 가진다. 2는 два(남), две(여) 형태만을 가지며, 그 외 개수사는 남성형태만 가진다.

❖ 순서수사는 형용사와 동일한 성 · 수 · 격 변화어미를 가진다.

❖ 1000(ты́сяча), 1,000,000(миллио́н)은 명사로서 각각 단수와 복수 격변화를 한다.

	단수			복수
	남성	여성	중성	
주격(1격)	оди́н	одна́	одно́	одни́
생격(2격)	одного́	одно́й	одного́	одни́х
여격(3격)	одному́	одно́й	одному́	одни́м
대격(4격)	оди́н одного́	одну́	одно́	одни́ одни́х
조격(5격)	одни́м	одно́й	одни́м	одни́ми
전치격(6격)	одно́м	одно́й	одно́м	одни́х

	단수			복수
	남성	여성		
주격(1격)	два	две	три	четы́ре
생격(2격)	двух	двух	трёх	четырёх
여격(3격)	двум	двум	трём	четырём
대격(4격)	два двух	две двух	три трёх	четы́ре четырёх
조격(5격)	двумя́	двумя́	тремя́	четырьмя́
전치격(6격)	двух	двух	трёх	четырёх

❖ 〈5, 10, 11, 30 〉

주격(1격)	пять	де́сять	оди́ннадцать	три́дцать
생격(2격)	пяти́	десяти́	оди́ннадцати	тридцати́
여격(3격)	пяти́	десяти́	оди́ннадцати	тридцати́
대격(4격)	пять	де́сять	оди́ннадцать	три́дцать
조격(5격)	пятью́	десятью́	оди́ннадцатью	тридцатью́
전치격(6격)	пяти́	десяти́	оди́ннадцати	тридцати́

❖ 〈40, 100, 200, 500 〉

주격(1격)	со́рок	сто	две́сти	пятьсо́т
생격(2격)	сорока́	ста	двухсо́т	пятисо́т
여격(3격)	сорока́	ста	двухста́м	пятиста́м
대격(4격)	со́рок	сто	две́сти	пятьсо́т
조격(5격)	сорока́	ста	двухста́ми	пятьюста́ми
전치격(6격)	сорока́	ста	двухста́х	пятиста́х

5. 동사 변화

Ⅰ 식 동사변화				
	чита́ть(읽다)	гуля́ть(산책하다)	смея́ться(웃다)	дава́ть(주다)
Я	чита́ю	гуля́ю	смею́сь	даю́
Ты	чита́ешь	гуля́ешь	смеёшься	даёшь
Он Она́	чита́ет	гуля́ет	смеётся	даёт
Мы	чита́ем	гуля́ем	смеёмся	даём
Вы	чита́ете	гуля́ете	смеётесь	даёте
Они́	чита́ют	гуля́ют	смею́тся	даю́т
Он Она́ Оно́ Они́	чита́л чита́ла чита́ли чита́ли	гуля́л гуля́ла гуля́ло гуля́ли	смея́лся смея́лась смея́лось смея́лись	дава́л дава́ла дава́ло дава́ли

Ⅱ 식 동사변화				
	говори́ть(말하다)	смотре́ть(보다)	лежа́ть(눕다)	учи́ться(배우다)
Я	говорю́	смотрю́	лежу́	учу́сь
Ты	говори́шь	смо́тришь	лежи́шь	у́чишься
Он Она́	говори́т	смо́трит	лежи́т	у́чится
Мы	говори́м	смо́трим	лежи́м	у́чимся
Вы	говори́те	смо́трите	лежи́те	у́читесь
Они́	говоря́т	смо́трят	лежа́т	у́чатся
Он Она́ Оно́ Они́	говори́л говори́ла говори́ло говори́ли	смотре́л смотре́ла смотре́ло смотре́ли	лежа́л лежа́ла лежа́ло лежа́ли	учи́лся учи́лась учи́лось учи́лись

<해답편>

Урок 3

3.

1) Что э́то? Это Кремль.
2) Кто э́то? Это студе́нт.
3) Что э́то? Это дом.
4) Кто э́то? Это фото́граф.

Урок 4

1.

1) Где Макси́м и Оля?
2) Она́ тут, а он там.
3) Вот ма́льчик и де́вочка.
4) Где Ни́на, Са́ша и Ко́ля?
5) Вот здесь Ро́ма.
6) Све́та и Ники́та до́ма.

Урок 5

1.

	ОН	ОНА	ОНО
кто?	брат, отец, друг, дя́дя, Ники́та, сын, де́душка	дочь, сестра́, ба́бушка, подру́га, мать, тётя, Оля, де́вушка	
что?	университе́т, дом, институ́т, магази́н, теа́тр, музе́й, банк, альбо́м, слова́рь	шко́ла, кварти́ра, по́чта, кни́га, газе́та	госуда́рство, окно́, фо́то, письмо́, общежи́тие

2.

1) Это Кра́сная пло́щадь.
2) Это Большо́й теа́тр.
3) Это ста́рое письмо́.
4) Это но́вая шко́ла.
5) Это краси́вое зда́ние.
6) Это совреме́нный университе́т.

Урок 6

1.

Мой дом, мой сад, мой зонт, моя ко́мната, моя́ ло́жка, моя́ соба́ка, моя́ тетра́дь,
мой университе́т, моя́ шко́ла, мой ребёнок, мой профе́ссор, моя́ су́мка, моя́ ма́ма, мой брат, мой дя́дя, моя́ сестра́, мой учи́тель, мой де́душка.

2.

1) её 2) его́ 3) Его́ 4) их 5) ва́ша

Урок 7

2.

1) рису́ет 2) чита́ешь 3) де́лаете
4) изуча́ю 5) пи́шут 6) отдыха́ем

Урок 8

2.

1) говори́м 2) говори́т 3) говори́те 4) говори́т 5) говорю́ 6) говоря́т

Урок 9

1.

весна́	ле́то	зима́	о́сень
март	ию́нь	дека́брь	сентя́брь
апре́ль	ию́ль	янва́рь	октя́брь
май	а́вгуст	февра́ль	ноя́брь

Урок 10

1.

1) гро́мко 2) краси́во 3) тепло́ 4) хо́лодно 5) пло́хо 6) жа́рко

2.

1) зимо́й 2) ле́том 3) в апре́ле 4) в ноя́бре 5) в ию́ле 6) весно́й

Урок 11

2.

1) пиши́те текст 2) ку́пи сок 3) у́чите слова́
4) смотри́те сюда́ 5) звони́те ча́сто 6) повтори́ зада́ние

Урок 12

1.

1) врачи́ 2) де́ти 3) журна́лы 4) сто́лы 5) кни́ги
6) челове́к 7) бра́тья 8) очки́ 9) города́ 10) часы́

2.

1) краси́вые студе́нтки 2) у́мные люди 3) больши́е города́
4) ста́рые газе́ты 5) высо́кие дома́ 6) кра́сные карандаши́

Урок 13

1.

1) в Санкт-Петербу́рге 2) в Москве́ 3) в фи́рме
4) в аудито́рии 5) в шко́ле 6) в па́рке

2.

1) в Росси́и, в Коре́е, в Москве́, в Сеу́ле
2) в шко́ле, в университе́те, в институ́те
3) в ба́нке, в больни́це, в теа́тре, в поликли́нике
4) в магази́не, в дере́вне, в го́роде
5) в аэропорту́, в лесу́, в саду́
6) в Пеки́не, в Дэ́гу, в Пари́же, в Ри́ме

Урок 14

1.

1) на рабо́те 2) на полу́ 3) на по́лке
4) на конце́рте 5) на заня́тии 6) на вокза́ле

Урок 15

1.

а) 1) иду́т 2) иду́ 3) идёте 4) идём
5) иди́те 6) идёшь 7) идёт

б) 1) хóдит 2) хóдим 3) хожý 4) хóдите
5) хóдят 6) хóдишь 7) не ходи́

2.
1) хожý 2) идёт 3) идём 4) хóдят
5) хóдит 6) идёшь 7) хóдите

3.
1) идёте, идý, хóдите, хóдим 2) идёшь, идý, идý

Урок 16

1.
а) 1) éдете 2) éдем 3) éдут
4) éду 5) éдет 6) éдешь

б) 1) éздим 2) éздите 3) éзжу
4) éздишь 5) éздит 6) éздят

2.
1) éдут 2) идёшь, éдешь 3) éзжу 4) хóдим, éздим
5) éздите 6) хóдит, éздит 7) идёте, éдете

Урок 17

1.
1) ромáн, журнáл, статью́, письмó, стихи́, газéты
2) концéрт, фильм, прогрáмму, кинó, передáчу, балéт

3) пе́сню, конце́рт, джаз, о́перу, му́зыку, рэп
4) исто́рию, ша́хматы, матема́тику, исто́рию

2.

1) чита́ет кни́гу 2) смо́трят телеви́зор 3) слу́шает му́зыку
4) изуча́ет литерату́ру 5) лю́бит кла́ссику 6) смо́трим сериа́л

Урок 18

2.

1) молоко́, ры́бу, мя́со, смета́ну
2) шокола́д, вино́, яйца, фру́кты
3) я́блоки, сок, ку́рицу, свини́ну
4) журна́л, газе́ту, кни́гу, диск
5) карто́фель, котле́ту, чай, ко́фе
6) йо́гурт, кефи́р, говя́дину, компо́т

Урок 19

1.

1) дру́га, Све́ту, Артёма, профе́ссора
2) Са́шу, подру́гу, Дени́са, Игоря
3. преподава́теля, учи́теля, ба́бушку, студе́нта
4) ма́му, отца́, бра́та, де́душку
5) сы́на, дя́дю, Мари́ну, Ива́на
6) му́зыканта, актёра, бизнесме́на, дире́ктора

2.

1) меня́ 2) его́ 3) её 4) вас 5) нас 6) тебя́

Урок 20

1.

1) о му́зыке 2) о дру́ге 3) о Москве́
4) об о́тдыхе 5) о ма́тери и об отце́ 6) о зада́нии

2.

1) о них 2) о нём 3) о ней 4) обо мне 5) о тебе́ 6) о вас

Урок 21

1.

1) дру́га, подру́ги, вре́мени, телефо́на
2) Оли, па́пы, Анто́на, бра́та
3) соба́ки, маши́ны, до́ма, словаря́
4) литерату́ры, грамма́тики, пе́ния, рисова́ния
5) ру́чки, каранда́ша, тетра́ди, уче́бника
6) Дени́са, Ко́сти, ба́бушки, де́душки

Урок 22

2.

1) в университе́т 2) в шко́ле 3) в библиоте́ку
4) на стадио́н 5) в Росси́и 6) на по́чте

Урок 23

1.

1) студе́нтом 2) дире́ктором 3) учи́тельницей

4) футбо́лом 5) рисова́нием 6) ру́чкой

2.

1) юри́стом, экономи́стом, учи́телем, врачо́м, перево́дчиком
2) учи́тельницей, перево́дчицей, дире́ктором, по́варом, домохозя́йкой
3) космона́втом, президе́нтом, бизнесме́ном, отцо́м, музыка́нтом
4) преподава́телем, диза́йнером, моде́лью, инжене́ром, профе́ссором

Урок 24

1.

1) с Ники́той, Ко́лей, дру́гом, студе́нтом
2) с Ве́рой, Анто́ном, подру́гой, отцо́м
3) с преподава́телем, профе́ссором, ба́бушкой
4) с де́вочкой, ма́льчиком, Олей, Игорем
5) с му́жем, сы́ном, тётей, Окса́ной
6) с тури́стом, Ирой, студе́нткой, Оле́гом

2.

1) с ним 2) со мно́й 3) с ни́ми 4) с ва́ми 5) с тобо́й 6) со мной

Урок 25

1.

1) вчера́ сего́дня за́втра
2) вто́рник среда́ четве́рг
3) пя́тница суббо́та вокре́сенье
4) февра́ль март апрель
5) сентя́брь октя́брь ноя́брь
6) четве́рг пя́тница суббо́та

Урок 26

1.

1) Да́ше 2) Старику́ 3) Отцу́ 4) Оле́гу 5) Бра́ту
6) Де́вочке 7) Сестре́ 8) Ма́тери 9) Студе́нту 10) Студе́нтке

2.

1) ему́ 2) нам 3) нам 4) тебе́ 5) им 6) ей

3.

1) ма́тери, отцу́, бра́ту, врачу́, Ни́не, Бори́су
2) студе́нту, студе́нтке, гру́ппе, Ди́ме, Анто́ну, Мари́не
3) сестре́, подру́ге, дру́гу, де́душке, Ната́ше, Ива́ну
4) ба́бушке, ребёнку, Оле, Ми́ше, преподава́телю, нам

Урок 27

1.

1) начина́ется, конча́ется 2) начина́ет 3) начина́ет, конча́ет
4) начина́ет 5) начина́ем, конча́ем 6) начина́ет

Урок 28

2.

1) чита́ет 2) написа́л 3) смо́трим 4) послу́шали 5) сде́лал 6) ду́мает

Урок 29

1.

1) прочита́ю 2) бу́ду слу́шать(слу́шать) 3) напишу́
4) скажу́ 5) решу́ 6) куплю́

Урок 30

2.

Куда?	Откуда?
в Санкт-Петербу́рг, во Владивосто́к, в Коре́ю, домо́й, в го́род	из Санкт-Петербу́рга, из Владивосто́ка, из Коре́и, из до́ма, из го́рода
в университе́т, в универма́г, в кафе́, на стадио́н, в буфе́т	из университе́та, из универма́га, из кафе́, со стадио́на, из буфе́та
в Росси́ю, в университе́т, на рабо́ту, в о́фис, в Ирку́тск	из Росси́и, из университе́та, с рабо́ты, из о́фиса, из Ирку́тска
на по́чту, в магази́н, в больни́цу, в парк, в шко́лу	с по́чты, из магази́на, из больни́цы, из па́рка, из шко́лы
в Москву́, в Сеу́л, в Кита́й, в Аме́рику, на мо́ре	из Москвы́, из Сеу́ла, из Кита́я, из Аме́рики, с мо́ря
в библиоте́ку, в музе́й, на вы́ставку, на конце́рт, в банк	из библиоте́ки, из музе́я, с вы́ставки, с конце́рта, из ба́нка

안녕 처음 러시아어

2013년 03월 10일 초판 인쇄

2024년 02월 28일 6쇄 발행

저 자	최윤희, Бриченкова Е. С.
발 행 인	송기수
발 행 처	**도서출판 GS인터비전**
편 집 처	**도서출판 GS인터비전**
등록번호	제 25100-2016-000050 호
I S B N	978-89-97231-86-7(94791) 978-89-97231-84-3(세트)

주 소	서울시 은평구 증산로15길 69 2층
전 화	02-976-7898
팩 스	02-6468-7898
홈페이지	gsintervision.kr
E-Mail	gsinter7@gmail.com

정가 25,000원

* 이 책은 저작권법에 의하여 보호를 받는 저작물이므로 무단전재와 무단복제를 금합니다. 이를 위반하면 민·형사상 책임을 질 수 있습니다.

* All rights are reserved. Produced in Korea. No part of this book may be reproduced in any form without permission in writing from the publisher.